Yo, Steve Jobs

Paidós Empresa

George Beahm (ed.)

Yo, Steve Jobs

Sus innovadoras e inspiradoras ideas
en sus propias palabras

PAIDÓS
Barcelona • Buenos Aires • México

Obra editada en colaboración con Espasa Libros, S. L. U. – España

Título original: *I, Steve: Steve Jobs in his own words*, de George Beahm
Publicado originalmente en inglés por B2 Books, un sello editorial
de Agate Publishing, Inc.
Publicado por acuerdo con Mendel Media Group LLC of New York

Esta obra no ha sido autorizada, preparada, aprobada o refrendada por
Steve Jobs y no está afiliada con o promocionada por ninguna de sus
organizaciones pasadas o presentes

Portada: Judit G. Barcina

Primera edición impresa en España: noviembre de 2011
ISBN: 978-84-493-2630-1

Primera edición impresa en México: noviembre de 2011
ISBN: 978-607-9202-01-9

Impreso en los talleres de Litográfica Ingramex, S.A. de C.V.
Centeno núm. 162, colonia Granjas Esmeralda, México, D.F.
Impreso en México - *Printed in Mexico*

Esto va para Britton Edwards

SUMARIO

La esencia de Apple es un núcleo de talentos, y esos talentos son que hacemos, creo, un diseño hardware muy bueno, un diseño industrial excelente y un software de sistema y de aplicaciones maravilloso. Y sabemos juntar adecuadamente todo eso en un producto. Somos los únicos que quedan en la industria del ordenador que lo hacen.

STEVE JOBS entrevistado por Jeff Goodell,
«Steve Jobs: The Rolling Stone Interview»,
Rolling Stone, n° 684, 16 de junio de 1994

INTRODUCCIÓN
Steve Jobs y «la visión»

> Tengo siempre los ojos bien abiertos a cualquier oportunidad importante, pero llevarla a buen puerto, tal como está hoy el mundo, requiere inmensos recursos, tanto en dinero como en talento de ingeniería. No sé cuál va a ser la próxima buena oportunidad, pero no me faltan ideas.
>
> STEVE JOBS, a propósito de
> «La próxima buena oportunidad»,
> CNNMoney/*Fortune*, 24 de enero de 2001

Desde 1976 Steve Jobs, para deleite de sus partidarios y consternación de sus detractores, siempre dijo lo que pensaba en las más variadas circunstancias: conferencias de prensa, declaraciones en las páginas web de Apple, comparecencias públicas para presentar sus nuevos productos y entrevistas a periódicos y medios de comunicación electrónicos.

Independientemente de lo que se piense de Jobs, quien cita dos veces en su currículo aquello de «la visión», un hecho indiscutible despunta: Jobs nos aportó algunas de las citas más memorables sobre la naturaleza del mundo empresarial en nuestra época.

Steve Jobs ocupaba una posición única y envidiable en ese ámbito. Entre sus numerosas distinciones podemos destacar que fue nombrado «consejero delegado de la década» por la revista *Fortune*, «consejero delegado de inmejorable actuación mundial» por la *Harvard Business Review*, y «persona de la década» por el *Wall Street Journal*.

El 18 de agosto de 2011 saltó la noticia de que la única biografía autorizada de Steve Jobs, obra de Walter Isaacson, adelantaba su publicación de marzo de 2012 al 21 de noviembre de 2011, lo que planteó algunos interrogantes. Las grandes editoriales no adelantan cuatro meses una publicación por capricho. Era evidente que se trataba de una señal.

Seis días más tarde, el 24 de agosto, irrumpía la segunda señal: Steve Jobs anunciaba su renuncia al cargo de consejero delegado de Apple y requería al consejo de administración «poner en marcha el plan de sucesión» que entregaba el timón a Timothy Cook.

El 5 de octubre, un día después de que el nuevo consejero delegado de Apple celebrara su primer encuentro con los medios, para presentar el iPhone 4S, la junta directiva de Apple anunciaba la muerte de Steve Jobs, a los 56 años de edad. La junta hizo público un comunicado, en el que afirmaba: «La brillantez de Steve, su pasión y energía fueron la fuente de incontables innovaciones que enriquecen y mejoran la vida de todos nosotros. El mundo es inconmensurablemente mejor gracias a Steve».

CITAS

....

ADN de Apple, El

Casi todos estamos deseando ir a trabajar cada mañana. Pero no deseamos hacerlo porque Apple se haya convertido en una empresa de electrónica para el mercado de consumo de masas. No, nuestro ADN no ha cambiado, es el mercado electrónico de consumo de masas el que vuelve la vista hacia Apple.

CNNMoney/Fortune, *21 de febrero de 2005*

....

Algo más que contratar personal

No se trata simplemente de contratar personal. Después es preciso crear un entorno en que los empleados se sientan rodeados de personas tan capaces como ellos y que sientan que su trabajo forma parte de algo mucho mayor. Que sientan que el trabajo cuenta enormemente y que forma parte de una visión profunda y clara..., todo eso. Contratar personal suele requerir algo más que la capacidad individual de uno solo, así que he comprobado que es mejor contar con la colaboración de los demás y tener una política empresarial basada en contratar candidatos de primera. Todos los entrevistados hablan con alguien del departamento en que van a trabajar, pero además hablan con una decena de personas de otros departamentos de la empresa. De este modo la mayoría de los mejores candidatos se compenetran más con la empresa y —gracias a una política de empresa que les apoya si están verdaderamente motivados— los empleados pueden vetar a cualquier candidato.

In the Company of Giants, *1997*

....

Alma de la nueva máquina, El

Si el hardware es el cerebro y el nervio de nuestros productos, el software es el alma.

Discurso de apertura en la Worldwide
Developers Conference (WWDC)
de Apple, 6-10 de junio de 2011

....

Aplicaciones porno para el Android

En Android hay acceso a una tienda porno en la que no hay más que aplicaciones porno para el modelo telefónico Android, que pueden descargarlas tus hijos y los hijos de tus amigos en su teléfono. Nosotros no queremos ir precisamente por ese camino.

Presentación de Apple a los medios de comunicación
del software para el iPhone 4.0, 8 de abril de 2010

....

Arriesgarse al fracaso

Uno de mis modelos es Bob Dylan. Cuando me hice mayor me aprendí la letra de sus canciones y observé cómo iba cambiando. Si observas a los artistas verás que, cuando son realmente buenos, llega un momento en que pueden seguir haciendo lo mismo el resto de su vida sin que merme su gran éxito con el público, pero ese éxito no cuenta para ellos. Es el momento en que un artista debe decidir quién es realmente. Si sigue arriesgándose al fracaso es un artista de verdad. Dylan y Picasso nunca dejaron de arriesgarse.

A mí me sucedió lo mismo con Apple. No quiero fracasar, claro, pero aunque no sabía lo mal que estaban las cosas, tuve que pensármelo mucho antes de dar el sí. Tuve que considerar las implicaciones para Pixar, para mi familia, para mi reputación, y decidí que me daba igual porque era lo que yo quería hacer. Si hago cuanto puedo y fracaso, bueno, al menos lo he intentado.

CNNMoney/Fortune, 9 de noviembre de 1998

Atractivo del producto

Los productos hablan por sí mismos.

Playboy, febrero de 1985

Calidad

Queríamos fabricar el mejor producto posible. Si eres carpintero y haces una hermosa cómoda, no vas a ponerle una trasera de contrachapado porque esté contra la pared y nadie la vea. Eres consciente de que forma parte del mueble; así que para la parte de atrás usas un trozo de madera bonita. Para dormir tranquilo, hay que aplicar de cabo a rabo la estética, la calidad.

Playboy, febrero de 2006

La calidad es más importante que la cantidad. Es como en el béisbol: más vale anotarse una carrera que unos dobles.

Bloomberg Businessweek, 6 de febrero de 2006

Campaña de publicidad «Think different»

Bueno, se lo diré: no lo hacemos porque caiga bien o no. Tenemos un problema, un problema que consiste en que la gente había olvidado lo que significa Apple. De hecho, muchos de nuestros empleados han olvidado lo que significa la empresa. Por eso teníamos que volver a transmitir de qué va Apple. Y pensamos: «¿Cómo decir a alguien lo que eres, quién eres, qué es lo que te importa?». Así que lo mejor que se nos ocurrió fue que… sabiendo a quién admira una persona se explican muchas cosas sobre ella. Así que pensamos: «Vamos a decir a la gente a quiénes admiramos», y ésa es la razón de la campaña «Think different»: decir a la gente a quiénes admiramos, quiénes creemos que son los héroes del siglo. Habrá gente que estará de nuestra parte y gente que no.

Macworld Expo, 13 de marzo de 1999

....

Centrarse en el producto

Respuesta a la pregunta: ¿Qué enseñanzas pueden extraerse de los esfuerzos de innovación realizados por Apple en la década anterior a su regreso en 1997? La necesidad de una política muy orientada al producto, incluso en una empresa de tecnología. Hay infinidad de empresas que tienen ingenieros estupendos y gente muy lista, pero en última instancia, lo más necesario es una fuerza gravitatoria que los impulse a todos. Si no, lo único que logras son estupendos prototipos tecnológicos flotando por el universo. Y eso no sirve de mucho.

Bloomberg Businessweek,
12 de octubre de 2004

Sí, claro, lo que hacemos debe tener sentido comercial, pero no es para nada el punto de arranque. Nosotros arrancamos con el producto y la experiencia del usuario.

Time, *1 de abril de 2010*

....

Competencia

A propósito de la protesta de la dirección de Apple sobre los seis empleados que SJ se llevó consigo para arrancar NeXT: No pensaba que yo fuese propiedad de Apple, ¿sabe? Creo que no lo soy. Creo que yo soy mi propio dueño. Y para mí, no poder volver a ejercer mi profesión no es de recibo. No nos llevamos ninguna tecnología ni ninguna idea que pertenecieran a Apple y estamos dispuestos a afirmarlo por escrito, cosa que, en cualquier caso, es lo legalmente exigible. Además, no está estipulado en ningún lugar que Apple no pueda competir con nosotros si creen que nuestras creaciones son tan geniales. Cuesta creer que una empresa valorada en 2.000 millones de dólares y con más de 4.300 empleados no vaya a poder competir con seis personas vestidas con pantalones vaqueros.

Newsweek, *30 de septiembre de 1985*

Complicaciones de la vida

Es una locura: todos tenemos una vida con muchas ocupaciones, diversos trabajos, intereses..., y algunos tenemos hijos. La vida de cada individuo, en lugar de simplificarse, se complica cada vez más en esta sociedad tan atareada. No queda tiempo para aprender y todo es cada vez más complicado [...]. No nos sobra tiempo para aprender cómo hacer funcionar una lavadora o un teléfono.

The Independent, *29 de octubre de 2005*

Confundir líneas de producción

Al llegar aquí me encontré con infinidad de productos. Era algo increíble. Así que empecé a preguntar a los empleados por qué razón tenía que recomendar yo el modelo 3400 en lugar del 4400, o por qué debía sugerir a la gente que pasara directamente al 6500 en vez de al 7300. Al cabo de tres semanas seguía sin saberlo. Y si yo no podía saberlo..., ¿cómo iban a saberlo los clientes?

Worldwide Developers Conference de Apple, 1998

Consejero delegado interino (iCEO)

Hay gente a quien le preocupa la palabra «interino», pero no se preocupaban por el consejero anterior, y éste no era interino.

Apple Confidential 2.0, *2004*

Consumismo

Hay muchas cosas que finalmente no compro porque me parecen absurdas.

The Independent, *29 de octubre de 2005*

En nuestra familia discutimos sobre qué clase de negocio queremos hacer y al final siempre acabamos hablando mucho de diseño, pero también de los valores de nuestra familia. ¿Nos importa hacer la colada en una hora y no en hora y media? ¿O lo que en realidad queremos es sentir la ropa verdaderamente suave y que nos dure más? ¿Nos importa gastar dos litros más de agua? Pasamos dos semanas hablando sobre ello después de la cena y una vez resuelto el debate sobre la máquina en cuestión, hablamos de diseño.

Wired, febrero de 1996

Continuación de las películas de dibujos animados de Disney

Estamos hartos de las películas repetitivas de Disney, porque si observas su calidad, como en *El Rey León 3* y [*Regreso al País de Nunca Jamás*], son lamentables.

Associated Press, 2004

Contribución

Yo fui uno de los primeros a quien se le ocurrió pensar que Thomas Edison hizo quizá más por mejorar el mundo que Karl Marx y [el gurú hindú] Neem Karoli Baba juntos.

Steve Jobs: The Brilliant Mind Behind Apple, *2009*

Convergencia

El lugar que desde hace veinte años ocupa Apple es el punto de convergencia exacto entre la tecnología computacional y el mercado de consumo electrónico. Por eso no tenemos que cruzar el río para llegar más allá, sino que la otra orilla viene a nuestro encuentro.

CNNMoney/Fortune, *21 de febrero de 2005*

....

Creación del producto

Cuando creamos algo lo hacemos porque escuchamos a los clientes, aceptamos sus aportaciones y ofrecemos lo que desean ver. Cocinamos nuevos productos y nunca se sabe realmente si a la gente van a gustarle igual que a ti.

CNBC.com, 5 de septiembre de 2007

....

Crear expectación

Una cosa más...

Frase característica pronunciada hacia el final de los actos de Apple

....

Crear nuevas herramientas

Nosotros hacemos herramientas para la gente. Herramientas para crear, para comunicarse. En la era en que vivimos, esas herramientas nos dan sorpresas [...]. Por eso me encanta lo que hacemos. Porque hacemos esas herramientas y no deja de sorprendernos lo que la gente hace con ellas.

D5 Conference: All Things Digital, 2007

....

Creatividad y tecnología

Una de las cosas que aprendí en Pixar es que la industria de la tecnología y la industria de contenidos no se entienden entre sí. Juraría que casi todo el mundo piensa que, en Silicon Valley y en la mayoría de las industrias tecnológicas, el proceso creativo se reduce a una pandilla de treintañeros sentados en un sofá, que beben cerveza y se cuentan chistes. No, en realidad estos también lo piensan: creen que así es como se hace la televisión, que así es como se hacen las películas de cine. Por su parte, la gente de Hollywood y de la industria de contenidos piensan que la tecnología es algo que se adquiere firmando un cheque. No comprenden la parte creativa de la tecnología. Son como barcos surcando la oscuridad.

CNN Tech, 10 de junio de 2011

Currículo de Jobs

Objetivo: busco una empresa que necesite reformas, pero de base sólida. Estoy dispuesto a derribar muros, tender puentes y a quemar cuanto sea necesario. Tengo experiencia de sobra, cantidad de energía y algo de lo que llaman «visión» y además no me asusta partir de cero. Habilidades: eso que llaman «visión», hablar en público, motivar a equipos de trabajo y contribuir a crear productos fenomenales.

Currículo de Steve Jobs,
anuncio de relleno para promocionar iTools,
en <www.me.com>, 5 de enero de 2000

David contra Goliat

No deja de ser curioso que la mayor firma mundial de ordenadores [IBM] no haya sido capaz de igualar el Apple II, que fue ideado en un garaje hace seis años.

InfoWorld, *8 de marzo de 1982*

Decir bobadas

Adam Osborne no para de hablar mal de Apple. No paraba de hacerlo con el Lisa, y cuando entregamos el Lisa empezó a decir bobadas del Mac. Yo procuraba estar tranquilo y ser educado, pero él no dejaba de decir: «¿Qué es ese Mac del que se habla? ¿Es algo real?» Me estaba hartando tanto que le dije: «Adam, es una máquina tan extraordinaria que incluso después de que hunda tu empresa todavía querrás ir a comprarla para tus hijos».

Apple Confidencial 2.0, *2004*

Desaparición

Apple cuenta con muchos activos, pero creo que si no prestamos atención, la empresa podría, podría... —intento encontrar la palabra adecuada— podría morir.

Time, *18 de agosto de 1997*

Despedir empleados

Cuando se tiene gente que no es la mejor del mundo es doloroso verse obligado a despedirla; pero en ocasiones mi trabajo consiste exactamente en eso: prescindir de gente que no ha dado la talla, y yo siempre he procurado hacerlo con humanidad. Pero hay que hacerlo y no es divertido.

Smithsonian Institution Oral and Video Histories,
20 de abril de 1995

Deudores de la experiencia del usuario

Somos la única empresa propietaria de toda la máquina: el hardware, el software y el sistema operativo. Asumimos plena responsabilidad en la práctica del usuario. Podemos hacer cosas que otros no pueden.

Time, *14 de enero de 2002*

Diferencia esencial, La

La gente de Lisa quiso hacer algo extraordinario. Y la gente de Mac quiere hacer algo endiabladamente extraordinario. Ésa es la diferencia.

Apple Confidential 2.0, *2004*

Dinero

La innovación no tiene nada que ver con la cantidad de dólares que dediques a I+D. Cuando Apple lanzó el Mac, IBM dedicaba a I+D casi cien veces más que nosotros. No es cuestión de dinero, sino de la gente que tengas, del modo de dirigir y de cómo lo entiendes… Rara vez existe en la vida de las personas un producto o servicio importante del que no haya como mínimo dos competidores. Apple está muy bien situado para ser un segundo competidor.

CNNMoney/Fortune, *9 de noviembre de 1998*

Yo valía más de un millón de dólares a los 23 años, más de diez millones a los 24 y más de cien millones a los 25, pero eso era lo de menos porque no actuaba por dinero.

Triumph of the Nerds, PBS, junio de 1996

....

Diseño

Para la mayoría de los individuos «diseño» significa acabado; simple decoración: la tela de las cortinas y el sofá, eso es todo. Para mí no hay nada más alejado del concepto de diseño. El diseño es realmente el alma de una creación manufacturada que se expresa por sí sola en correlativas capas externas del producto o servicio.

CNNMoney/Fortune, 24 de enero de 2000

«Diseño» es una palabra curiosa. Hay quienes creen que diseño es sinónimo de aspecto. Claro, si uno profundiza, no deja de ser eso. Pero el diseño del Mac no estaba simplemente en su aspecto, aunque formara parte de él. Estaba sobre todo en su modo de funcionar. Para diseñar verdaderamente bien un producto hay que entender eso. Tienes que captar de verdad de qué va. Exige un compromiso apasionado por entender plenamente algo, rumiarlo, no tragarlo sin pensar. La mayoría de las personas no dedican el tiempo necesario a ello.

Wired, febrero de 1996

Fíjense en el diseño del Mercedes, la relación entre los detalles sobresalientes y sus fluidas líneas. Con el paso de los años han suavizado el diseño, pero los detalles, en cambio, están aún más acentuados. Eso es lo que debemos hacer con el Macintosh.

Odyssey: Pepsi to Apple, 1987

....

Diseño de un producto para el consumidor

Relativo al iPod: Fíjese en el diseño de los productos de consumo: la mayoría tienen una envoltura externa verdaderamente complicada. Nosotros intentamos hacer algo más holístico y más simple. Cuando se aborda la solución de un problema, sea cual sea, las primeras soluciones que surgen son siempre muy complicadas, y muchos no pasan de ahí. Pero si se sigue pensando, se profundiza en el problema y se continúa quitando capas a la cebolla, muchas veces se llega a soluciones muy sofisticadas y al mismo tiempo sencillas. La mayoría de las personas no dedican a este proceso suficiente tiempo y energía. Nosotros pensamos que nuestros clientes son inteligentes y que quieren objetos bien resueltos.

Newsweek, 14 de octubre de 2006

Diseño de productos fenomenales

Al final nos decidimos por esos electrodomésticos alemanes de la marca Miele [...]. Esos tipos habían pensado a fondo todo el proceso. El diseño de sus lavavajillas y secadoras es realmente fenomenal. Hace años que no me emocionaba tanto un producto tecnológico como estos aparatos.

Wired, febrero de 1996

Diseño del producto

A propósito de la interfaz Aqua en el sistema OS X: Los botones de la pantalla nos salieron tan bonitos que dan ganas de lamerlos.

CNNMoney/Fortune, 2000

Educación de amplia base

En el Reed College se daban en aquel entonces los mejores cursos de caligrafía del país [...], así que decidí asistir a clases de caligrafía simplemente para aprender cómo se hacía [...]. Era algo sutilmente hermoso, histórica y artísticamente, de una forma que ninguna ciencia puede captar; para mí fue fascinante. Nada de lo que me estaban enseñando tenía la menor posibilidad de aplicación práctica en mi vida. Pero años más tarde, cuando diseñábamos el primer Macintosh, me vino de pronto a la cabeza.

Discurso inaugural de curso, Universidad de Stanford, 12 de junio de 2005

Emplazamiento de locales

A propósito de las tiendas Apple en centros comerciales de categoría:
Los locales nos salieron mucho más caros [pero así la gente] no tiene que perder veinte minutos aparcando; les basta con dar veinte pasos.

CNNMoney/Fortune, *8 de marzo de 2007*

Enfoque

La gente cree que el enfoque es decir «sí» a lo que tienes que enfocar. Y no es así. Significa decir «no» a los otros cientos de buenas ideas que hay por ahí. Uno debe elegir con cuidado. En realidad, yo estoy tan orgulloso de las cosas que no hemos hecho como de las que he hecho. Innovación es decir «no» a mil cosas.

Worldwide Developers Conference de Apple,
13-16 de mayo de 1997

Enfoque de la empresa

Nosotros no hacemos marketing ni contratamos consultores [...]. Simplemente hacemos productos excelentes.

CNNMoney/Fortune, *febrero de 2008*

Entusiasmo

Diseñamos el Mac para ofrecer a los consumidores aquello que más les interesa: el entusiasmo de acceder a Internet combinado con la sencillez del Mac. El iMac es el ordenador del año próximo a un precio de 1.299 dólares, no el ordenador de 999 dólares del año pasado.

Apple Confidential 2.0, *2004*

Errores

A propósito de la no inclusión de Flash en los productos Apple: En todo producto hay siempre cosas buenas y cosas malas. Si el mercado nos dice que nuestras opciones no sirven, efectuamos cambios.

D8 Conference, 1 de junio de 2010

Esencia de Apple: los empleados

Nuestra esencia está en nuestras ideas, en nuestra gente. Es nuestra motivación para ir cada mañana a trabajar y relacionarnos con personas tan brillantes. Yo siempre he pensado que la elección de personal es el corazón y el alma de lo que hacemos.

D5 Conference: All Things Digital, 30 de mayo de 2007

Eslogan del iPod (primera generación)

Mil canciones en tu bolsillo.

Anuncio de Apple, 31 de octubre de 2001

Especulaciones sobre su salud

Como muchos de vosotros sabéis, en 2008 he perdido peso, aunque los motivos de tal enflaquecimiento son todo un misterio, tanto para mí como para mis médicos. Hace unas semanas decidí que para detectar la raíz de este deterioro había que darle absoluta prioridad. Afortunadamente, tras nuevas pruebas, los médicos creyeron haber encontrado la causa: un desequilibrio hormonal que ha ido mermando las proteínas que requiere mi organismo para mantenerse sano. Unos complicados análisis de sangre han confirmado el diagnóstico [...]. Bien, ya he dicho más de lo que me proponía y no añadiré más al respecto.

Página web de Apple, 5 de enero de 2009

Estancamiento, El peligro del

A propósito de Apple, en sus diez largos años de ausencia: El problema de Apple es haber triunfado más allá de lo imaginable. Nuestro triunfo fue tal, que hicimos que todos soñaran lo mismo. El resto del mundo se convirtió en ese sueño a su alcance. Por desgracia, el sueño se estancó y Apple dejó de crear.

Apple Confidential 2.0, *2004*

Estrategia

Después de dejar Apple: Mire, tengo un plan con el que podría reflotarse. Lo único que puedo decir es que se trata de un producto perfecto y una estrategia perfecta para Apple. Pero allí nadie me hace caso.

CNNMoney/Fortune, *18 de septiembre de 1995*

Estrechez de miras de Microsoft

Le dije [a Bill Gates] que todo lo que yo había dicho era la pura verdad pero que nunca lo habría dicho en público. Yo sólo le deseo lo mejor, de verdad. Simplemente me parece que él y Microsoft son un poco estrechos de miras. Sería más abierto si hubiera tomado ácido alguna vez o hubiera ido a un monasterio hindú cuando era más joven.

The New York Times Magazine, *12 de enero de 1997*

Excelencia

La gente te juzga por lo que haces, así que hay que centrarse en los resultados. Hay que ser un patrón de calidad. Hay gente que no está habituada a un entorno en que la calidad excelente es la norma.

Steve Jobs: The Journey is the Reward, *1987*

Existencia de Apple

¿Qué es lo que sucedería si Apple no existiera? Piénsenlo. Probablemente *Time* no saldría la semana que viene. Un 70 % de los periódicos de Estados Unidos no saldrían al día siguiente. Un 60 % de los niños no tendrían ordenador y el 64 % de los profesores tampoco. No existirían más de la mitad de los sitios web creados con Mac. Así que vale la pena conservarla, ¿no creen?

Time, *18 de agosto de 1997*

Éxito

Mucha gente ve en Pixar un éxito repentino, pero si se reflexiona, la mayoría de los éxitos repentinos tardaron mucho.

To Infinity and Beyond!, *2007*

Éxito repetido

En los negocios existe algo memorable que es el síndrome del segundo producto. Suele suceder que empresas que lanzan un primer producto que tiene gran éxito no acaban de entender por qué, y lanzan un segundo producto con grandes ambiciones y el producto resulta un fracaso. No se vende o no causa impacto en el mercado porque no entendieron realmente a qué se debió el éxito en el mercado del primer producto.

To Infinity and Beyond!, *2007*

Experiencia del usuario

En Apple todo lo enfocamos con la siguiente pregunta: «¿Va a resultar fácil para el usuario? ¿Va a serle útil?». En este aspecto es como en Pixar. En Hollywood todo el mundo dice que la clave de los dibujos animados es el argumento, el argumento y el argumento. Pero cuando llega el momento y el argumento no funciona, no interrumpen la producción gastándose más dinero en corregirlo. Eso es lo que yo observo en el negocio del software: todo el mundo dice: «Ah, el usuario es lo más importante», pero lo dicen de boquilla.

*CNNMoney/*Fortune, *21 de febrero de 2005*

Experiencias vitales amplias, Importancia de las

La mayoría de la gente de nuestra industria no ha tenido vivencias muy variadas, por lo que carece de puntos de referencia y acaba dando a un problema soluciones excesivamente delimitadas porque no tienen una perspectiva general del mismo. Cuanto más amplio sea nuestro conocimiento de la experiencia humana, mejores diseños se lograrán.

Wired, *febrero de 1996*

Falta de innovación en Microsoft

El único problema que hay con Microsoft es que no tienen gusto. Y lo digo en serio, en el sentido de que no se les ocurren ideas originales y no aportan mucha cultura a sus productos. Me parece muy bien su éxito…, en gran parte se lo merecen. Lo que no me gusta nada es que en realidad fabrican productos de tercera.

Triumph of the Nerds, *PBS, junio de 1996*

No creo en modo alguno que Microsoft se haya transformado en un agente que propicia la mejora de los productos, que propicia una nueva revolución. A los japoneses, por ejemplo, se les solía acusar de limitarse a copiar..., y, sí, al principio, es lo que hacían. Pero se volvieron muy refinados y comenzaron a fabricar automóviles con aspecto innovador; en ese terreno innovaron bastante. No puedo decir lo mismo de Microsoft.

Rolling Stone, 17 de enero de 2011

....

Fechas tope

¡Ni mucho menos, no podemos retrasarnos! Lleváis meses trabajando en esto. Dos semanas más no van a servir de nada. Más vale acabarlo de una vez. Hacedlo lo mejor posible. ¡Vamos, a trabajar!

Folklore.org, enero de 1984

Los verdaderos artistas se lanzan.

Folklore.org, enero de 1984

....

Fiabilidad

Da resultado.

Frase muy repetida en presentaciones
de Apple referida a sus productos

....

Fidelidad del cliente

A menudo me preguntan por qué son tan fieles los clientes de Apple. ¡No es porque sean miembros de la Iglesia Mac! Eso es absurdo.

Es porque si compras un producto y tres meses después te encuentras con un problema y rápidamente entiendes [cómo solventarlo], piensas: «¡Guau, alguien en Apple pensó en esta pega!». [...] No existe prácticamente ningún producto en el mundo que te ofrezca esa posibilidad, pero el Mac sí te la da. Y también te la da el iPod.

Bloomberg Businessweek, 12 de octubre de 2004

Flema ante la presión

En las entrevistas, muchas veces pincho intencionadamente a mi interlocutor criticando algo que ha hecho antes. Me documento, averiguo en qué ha trabajado y comento: «Vaya, eso sí que fue una bomba, vaya pifia. ¿Por qué trabajaste en eso...?». Me gusta ver cómo reacciona la gente bajo presión. Quiero comprobar si se achantan o si muestran una convicción firme y orgullo por su obra.

In the Company of Giants, 1997

Forzar la solución

Lo que ocurrió fue que los diseñadores tuvieron esa buena idea. Luego, la presentaron a los ingenieros y éstos dijeron: «No, eso no se puede hacer. Es imposible». Y eso sí que era malo. A continuación, la presentan al departamento de fabricación que dice: «¡Eso no puede fabricarse!». Aún peor [...]. Sí, claro, al presentársela a los ingenieros éstos dijeron: «¡Huy!», y alegaron 38 razones. Pero yo dije: «Sí, sí, vamos a hacerlo». «¿Y por qué?», replicaron ellos. «Porque soy el consejero delegado y creo que debe hacerse», fue mi respuesta. Y lo hicieron, a regañadientes pero lo hicieron. Luego resultó un gran éxito.

Time, 16 de octubre de 2005

Fracaso de Flash

En 2009 Symantec puso bajo los focos a Flash porque este programa tuvo uno de sus peores historiales en materia de seguridad. Además, sabemos de primera mano que Flash es la primera razón de que se cuelguen los Mac. Llevamos varios años trabajando con Adobe para solventar estos problemas, pero todavía no se han solucionado. No queremos reducir la fiabilidad y seguridad de nuestros iPhones, iPods e iPads incorporándoles Flash [...]. Flash fue creado en la época del PC, para ordenadores y ratones. Flash es un negocio próspero para Adobe, y comprendemos que quieran ampliar horizontes más allá del PC. Pero la era del móvil trata con dispositivos de baja potencia, interfaces táctiles y estándares de redes abiertas, todas ellas áreas en las que Flash presenta carencias.

Página web de Apple, abril de 2010

....

Gente de Pixar, La

Apple cuenta con algunas personas excepcionales, pero la plantilla de Pixar es la mayor concentración de individuos notables que yo conozco. Hay uno diplomado en generación tridimensional por ordenador de plantas, hierbas, árboles y flores; otro que es el mejor del mundo en incorporación de imágenes. Además, Pixar es más interdisciplinar de lo que pueda ser Apple. Pero la clave es que es mucho más pequeña. En Pixar hay 450 empleados. No se puede tener el elenco de personal que tiene Pixar con una plantilla de dos mil empleados.

CNNMoney/Fortune, *9 de noviembre de 1998*

....

Grandes ideas

El gusto lo es todo, en definitiva. Es simplemente dejarse impregnar por las mejores cosas que ha hecho el ser humano y tratar de incorporarlas a lo que uno hace. Picasso decía: «Los buenos pintores copian, los grandes pintores roban». A nosotros nunca nos ha dado vergüenza robar grandes ideas, y creo que parte de la grandeza del Macintosh reside en que quienes trabajaron en él eran músicos, poetas, pintores, zoólogos, historiadores, gente que, además, en informática, eran científicamente los mejores del mundo.

Triumph of the Nerds, *PBS, junio de 1996*

Guardar acciones de Apple

A propósito de su única acción de Apple: Sí, vendí las acciones. Me quedaban muy pocas esperanzas de que el consejo de Apple hiciera algo, y no pensaba que fuera a subir el precio de las acciones. *[Tras la marcha de Jobs las acciones de Apple cayeron en picado.]*

Time, *18 de agosto de 1997*

Hacer anuncios audaces

Comprendo el atractivo del proceso lento, pero es que yo soy partidario del *big bang*.

Harvard Business School,
Working Knowledge for Business Leaders,
16 de junio de 2003

Hacerlo bien

A propósito de la reestructuración de la tienda Apple en «áreas de solución», tras la protesta inicial de los empleados: «Pero ¿tú sabes lo que estás diciendo?¿Sabes que tenemos que volver a empezar?»: Nos costó, pues no sé... unos seis o nueve meses, pero fue con mucho la decisión acertada.

*CNNMoney/*Fortune, *8 de marzo de 2007*

Historia, Importancia de una

Hemos sido pioneros en el sector de la animación por ordenador, pero John [Lasseter] dijo en cierta ocasión algo que se me quedó grabado: «No hay tecnología capaz de convertir en buena una mala historia». [...] Esa consagración a la calidad está profundamente arraigada en la cultura de estos estudios.

To Infinity and Beyond!, *2007*

....

IBM

Bienvenido, IBM. No, de verdad... Y enhorabuena por vuestro primer ordenador personal. Poner en manos del particular verdadera capacidad de computación significa mejorar el modo de trabajar, de pensar, de aprender, de comunicarse con la gente, de ocupar las horas de ocio. La alfabetización informática va camino de ser tan importante como leer y escribir.

Anuncio de prensa de Apple en
The Wall Street Journal, *24 de agosto de 1981*

IBM quiere borrarnos de la faz de la Tierra.

Fortune, *20 de febrero de 1984*

....

Imagen de marca

De poco nos serviría hacer publicidad con cifras y beneficios, con memorias RAM, gráficas y comparaciones. Nuestra única manera de comunicar es la buena impresión.

The Apple Way, *2006*

¿Cuáles son las grandes marcas? Levi's, Coca-Cola, Disney, Nike... Casi todo el mundo incluiría a Apple en este grupo. Podrían gastarse miles de millones de dólares en una marca y aun así no se conseguiría crear una tan buena como Apple. Y sin embargo Apple no ha hecho nada con ese increíble potencial. ¿Qué es Apple, al fin y al cabo? La esencia de Apple es la gente que «piensa distinto», gente que desea utilizar sus ordenadores para cambiar el mundo, para crear cosas distintas, y no simplemente para cumplir con su trabajo.

Time, *18 de agosto de 1997*

Imaginación proyectada al producto

No se trata de cultura pop, ni de engañar a la gente, ni de convencerla para que deseen algo que no quieren. Nosotros calculamos lo que queremos. Y yo creo que se nos da bastante bien tener la disciplina adecuada para pensar a fondo si otra mucha gente va a querer un producto. Para eso nos pagan. No se puede salir a la calle a preguntar cuál va a ser la próxima gran [innovación]. Hay una cita estupenda de Henry Ford: «Si hubiera preguntado a mis clientes lo que querían, me habrían dicho: "Un caballo más rápido"».

CNNMoney/Fortune, *febrero de 2008*

Impacto de una charla a los empleados de Apple

Tenemos la gran oportunidad de ejercer influencia sobre el camino que emprenda Apple. Cada día que pasa, el trabajo que realizan cincuenta personas de la empresa tiene una gigantesca resonancia en el mundo y verdaderamente me admira la calidad de nuestra resonancia. Sé que no va a ser fácil de mantener, pero en mi vida me lo había pasado tan bien. Me lo paso bomba.

Return to the Little Kingdom, *2009*

Impacto en el universo

Me trae sin cuidado ser el hombre más rico del cementerio [...]. Lo que verdaderamente me importa es acostarme pensando en que hemos hecho algo estupendo.

CNNMoney/Fortune, *25 de mayo de 1993*

Imperativo del trabajo en equipo

En nuestro negocio, está descartado que una sola persona haga una determinada tarea. Hay que rodearse de un equipo en el que cada cual carga con la responsabilidad de la coherencia de su trabajo, en el que cada uno procura rendir lo mejor posible.

Smithsonian Institution Oral and Video Histories,
20 de abril de 1995

....

Innovación

Muchas empresas han optado por los recortes, y quizás en su caso haya sido la medida correcta. Nosotros hemos optado por otra pauta. Estamos convencidos de que si seguimos poniendo nuevos productos fenomenales al alcance de nuestros clientes, éstos seguirán tirando de cartera.

Success, *junio de 2010*

La innovación es lo que distingue a un líder de un seguidor.

The Innovation Secrets of Steve Jobs, *2011*

A propósito de Microsoft: Si pudieron copiar el Mac fue porque se había quedado anticuado. En diez años, el Mac no había cambiado apenas. Si acaso tal vez un 10 %. Era presa fácil. Es asombroso que Microsoft tardase diez años en copiar algo tan inmóvil. Apple, lamentablemente, no merece demasiada compasión. Invirtió cientos de millones de dólares en I+D pero con escasos resultados, pues apenas produjeron nada nuevo desde el primer Mac.

Bien, ahora, los genes originarios del Macintosh han poblado la Tierra. Un 90 % en la modalidad Windows, pero, en cualquier caso, hay millones de ordenadores que funcionan así. Y es estupendo. La pregunta que se nos plantea es: y después, ¿qué? ¿Quién va a mantener la dirección de esta revolución en el PC?

Rolling Stone, *17 de enero de 2011*

Los espectadores de nuestras películas nos confían algo muy preciado: su tiempo y su imaginación. Y para respetar esa confianza tenemos que seguir cambiando; tenemos que asumir el reto y procurar sorprender en cada ocasión a nuestro público con algo nuevo.

To Infinity and Beyond!, *2007*

···

Innovación en el producto

Apple siempre ha representado la innovación en los productos. Apple inventó esta industria con el Apple II y creo que con el Mac llegó la innovación de la que vive la industria desde hace diez años. Ya es hora de que alguien aporte otra innovación para que la industria siga adelante, y ¿quién mejor que Apple?

CNN.com, 23 de abril de 2004

···

Innovaciones del PARC

El PARC [Centro de Investigación de Palo Alto de Xerox] no lo había logrado a la perfección, pero era el germen de la idea de tres elementos: interfaces gráficas de usuario, computación orientada al objeto y trabajo en red.

Smithsonian Institution Oral and Video Histories, 20 de abril de 1995

···

Inquietud antes de la presentación del iPad

Aunque hace tiempo que los utilizamos internamente y llevamos trabajando en ellos varios años, uno siempre tiene nervios la última semana... la noche anterior a la presentación... al lanzamiento... La inquietud no se disipa hasta que lo vemos en manos de los clientes y éstos van dando su opinión. La reacción ha rebasado nuestras expectativas. Creemos que este producto cambia drásticamente las reglas del juego. Cuando la gente lo vea en retrospectiva dentro de unos años, lo considerará un acontecimiento crucial en el terreno de los instrumentos de computación personales. En realidad mi mayor satisfacción ha sido observar lo rápido que la gente ha captado su importancia. He recibido miles de correos electrónicos de personas con quienes nunca he hablado, simplemente para decirme que están convencidas de que este producto va a cambiar su vida y su trabajo. La gente lo está captando muy rápido.

Acto de Apple a propósito del
software para el iPhone 4.0, 8 de abril de 2010

Inspiración

Tal como has señalado, he proporcionado más ordenadores a cualquier centro de enseñanza que ninguna otra persona del mundo y estoy totalmente convencido de que eso no es ni mucho menos lo más importante. Lo más importante es la *persona*. La persona que incita y alimenta tu curiosidad. Y eso no pueden hacerlo las máquinas igual que la persona.

Smithsonian Institution Oral and Video Histories,
20 de abril de 1995

Integración

Apple es la única empresa que queda en esta industria que planifica absolutamente todo: hardware, software, relaciones de desarrollo, marketing. Para mí, es evidente que eso constituye la mejor ventaja estratégica de Apple. Nosotros no teníamos un plan empresarial y eso parecía un déficit insalvable. Pero teniendo un plan, la ventaja estratégica es de Apple, siempre que uno piense que hay posibilidades de innovación en esta industria, cosa que yo creo, porque Apple puede innovar más deprisa que nadie.

Time, *10 de octubre de 1999*

Integración del producto

De lo que más orgulloso estoy en cuanto a Apple es de la fusión entre técnica y humanismo, como sucedió en la industria editorial. La tipografía artística se unía al conocimiento técnico y la excelencia para implantarla electrónicamente, y eso permitía a la gente usar el ordenador sin tener que entender los intríngulis de los comandos informáticos. De la combinación de estas dos cosas es de lo que más orgulloso me siento.

Smithsonian Institution Oral and Video Histories,
20 de abril de 1995

La esencia de Apple es un núcleo de talentos, y esos talentos son que hacemos, creo, un diseño hardware muy bueno, un diseño industrial excelente y un software de sistema y aplicaciones maravillosas. Y sabemos juntar adecuadamente todo eso en un producto. Somos los únicos que quedan en la industria del ordenador que lo hacen.

Rolling Stone, 16 de junio de 1994

Apple es la empresa tecnológica más creativa que existe […] igual que Pixar es la empresa creativa más adicta a la tecnología. […] Además, casi todos los cantantes que graban utilizan Macs y tienen iPods, y ahora la mayor parte de quienes trabajan en la industria musical tienen también iPods. En el sector de la música se sabe que Apple hace bien las cosas —que no busca atajos— y que se preocupa por el proceso creativo y por la música. Aparte de que nuestra solución abarca el software de sistemas operativos, el software de los servidores, el software de las aplicaciones y el hardware. Apple es la única firma del mundo que lo tiene todo bajo el mismo techo. Podemos llegar a una solución integral que funcione y nos hacemos responsables de ella.

Bloomberg Businessweek, 2 de febrero de 2004

Una empresa fabrica el software y otra el hardware, y eso no funciona. La innovación no se produce a buen ritmo. La integración es imperfecta. Nadie se preocupa por la interfaz de usuario. Es un desastre.

Time, 16 de octubre de 2005

··

Interfaz gráfica del PARC, La

Al Alto le corresponde la primera interfaz gráfica de usuario. Tenía Windows, tenía un sistema de menús rudimentario, igual que los cuadros y otras cosas. No funcionaba bien pero básicamente lo tenía todo... Quedé tan impresionado por el potencial de aquella interfaz gráfica de usuario que no me paré siquiera a asimilar ni a investigar a fondo otros elementos.

Smithsonian Institution Oral and Video Histories,
20 de abril de 1995

....

iPad inspira el iPhone, El

En realidad yo fui el primero en concebir la tableta. Tuve la idea de prescindir del teclado sustituyéndolo por una especie de pantalla táctil. Consulté a nuestra gente si podíamos inventar una pantalla táctil que se activara con el simple tacto del dedo. Unos seis meses más tarde me llamaron, me mostraron el prototipo y era sensacional. Eso fue a principios de siglo; luego se la pasé a uno de nuestros cuatro brillantes especialistas en interfaz de usuario, quien semanas después me llamó y se puso a explicarme que había estado trabajando en desplazamiento inercial y otras variables. Yo pensé: «Oh, Dios mío, con esto podríamos fabricar un teléfono», y dejé a un lado el proyecto de la tableta porque era más importante el teléfono. Y en los años siguientes hicimos el iPhone.

D8 Conference, 1-3 de junio de 2010

....

iPad y el cambio ineludible, El

Esta transformación va a poner nerviosos a unos cuantos: la gente del mundo del PC, como tú y yo. Nos va a poner nerviosos porque el PC nos ha llevado muy lejos... es fantástico. Y nos complacemos en hablar de la era post-PC, pero ahora que empieza de verdad, creo que a mucha gente le molesta.

D8 Conference, 1-3 de junio de 2010

....

iPhone

El iPhone lleva cinco años de ventaja a cualquiera de las otras marcas. ¡Aunque no hiciéramos nada más estaríamos cubiertos por cinco años!

Newsweek, 9 de enero de 2007

....

iPod Nano

Aquí entramos en territorio desconocido. Nunca hemos vendido tanto un artículo.

Discurso de apertura en Apple, 12 de septiembre de 2006

....

iPod Touch

Al principio no estábamos muy seguros de cómo comercializarlo. ¿Era un iPhone sin teléfono? ¿Un ordenador de bolsillo? Pero lo que ocurrió, por lo que nos decían los consumidores, era que empezaban a verlo como si fuera una máquina de juegos. Y empezamos a comercializarlo así. Y funcionó. Ahora nos concentramos en hacerlo lo más barato posible para la tienda Apple, que es lo que más atrae al cliente. Así que nos centramos en reducir el precio a 199 dólares. No nos hace falta añadirle nada. Sólo rebajar el precio para que sea asequible a todo el mundo.

The New York Times, 9 de septiembre de 2009

....

iTunes

Napster y Kazaa demostraron de sobra que la estructura de Internet es ideal para distribuir música. El problema es que ambos son ilegales. Y los servicios legales que han surgido son bastante anémicos en cuanto a los derechos que ofrecen y te tratan en cierto modo como a un delincuente. No puedes copiar un CD o no puedes bajarlo a tu MP3. Por eso nosotros decidimos crear un servicio de música que no fuera de abono. Se puede comprar música a 99 centavos la canción y el cliente tiene plenos derechos para usarla. Puede copiar cuantos CD quiera para su uso personal, los puede pasar al iPod, y puede utilizarlos en otras aplicaciones y en diversos ordenadores.

Discurso de apertura en Apple, 12 de septiembre de 2006

Lector de libros electrónicos, El

Estoy seguro de que siempre habrá dispositivos específicos para un fin concreto que tendrán sus ventajas. Pero creo que los productos generalistas ganarán la partida. Porque creo que probablemente la gente no estará dispuesta a pagar por un dispositivo específico.

The New York Times, *9 de septiembre de 2009*

Legado de Jobs en Apple

Si Apple se convierte en un lugar donde los ordenadores son algo «normal», donde desaparece la ilusión y la gente olvida que los ordenadores son el invento más increíble jamás concebido por la humanidad, me sentiré como si hubiera perdido la empresa. Pero si la gente sigue sintiendo todo eso aunque yo esté a miles de kilómetros..., pues me siento como si mis genes siguieran allí.

Newsweek, *29 de septiembre de 1985*

Legado del Mac

Usted ya conoce nuestro anuncio de 1984. Macintosh era entonces una empresa relativamente pequeña de Cupertino (California) que se enfrentaba a su Goliat, IBM, y le decía: «Un momento, te equivocas. Los ordenadores no van por ahí. No es éste el legado que queremos dejar. No es esto lo que queremos que aprendan nuestros hijos. Eso es un error; nosotros vamos a enseñarte cómo hay que hacerlo: aquí tienes. Se llama Macintosh y es mucho mejor».

Smithsonian Institution Oral and Video Histories,
20 de abril de 1995

....

Lema

[Un producto] no está acabado hasta que sale al mercado.

Folklore.org, enero de 1983

El viaje es la recompensa.

Folklore.org, enero de 1983

La organización no es otra cosa que comprensión y responsabilidad. Eso lo simplifica todo. Uno de mis mantras es: enfoque y simplicidad.

Bloomberg Businessweek, *12 de mayo de 1998*

....

Mac Cube

Un ordenador futurista, fracaso comercial: El G4 Cube es sin duda el ordenador más elegante de la historia. Un ordenador innovador que conjuga las prestaciones impecables del procesador Pentium del Power Mac G4 con la miniaturización, el funcionamiento silencioso y el elegante diseño de sobremesa del iMac. Es una máquina sensacional y una proeza de diseño, y nos emociona poderlo ofrecer finalmente a nuestros clientes.

Macworld Expo, 2000

....

Marketing

Mi sueño es que todos los habitantes del planeta tengan su propio ordenador Apple. Para ello tenemos que ser una gran empresa de marketing.

Odyssey: Pepsi to Apple, *1987*

Mentalidad provinciana

Las discográficas ganan más dinero con la venta de una canción en iTunes que vendiendo un CD. Si quieren aumentar los precios es por codicia. Si el precio aumenta, la gente recurre a la piratería... y perdemos todos.

The Guardian, *22 de septiembre de 2005*

Motivación

Al ex ejecutivo de Pepsi John Sculley, a quien Jobs quería reclutar para Apple: ¿Quieres pasarte el resto de tu vida vendiendo agua azucarada, o quieres tener la oportunidad de cambiar el mundo?

Odyssey: Pepsi to Apple, *1987*

Es mejor ser corsario que enrolarse en la Marina.

Odyssey: Pepsi to Apple, *1987*

Motivación de los empleados

Nosotros atraemos a un tipo distinto de persona: alguien que no quiere esperar cinco o diez años para obtener resultados, alguien dispuesto a esforzarse para lograr resultados inmediatos que dejen su huella en el universo.

Playboy, *febrero de 1985*

Motivar a los empleados

Lo que ocurre en casi todas las empresas es que se pierde la gente de valía por hacerla trabajar en un entorno que desalienta el talento individual en lugar de fomentarlo. Esas personas valiosas se marchan y al final queda una plantilla mediocre. Yo lo sé porque Apple vivió ese mismo proceso.

Playboy, *febrero de 1985*

La fuerza motriz del Macintosh es la gente que hace el trabajo. Mi tarea consiste en crearles su espacio, limpiar el resto de la organización y mantenerla a raya [...]. En la actualidad tenemos el grupo de gente más selecto con que he trabajado. Son de una inteligencia excepcional, pero lo más importante es que comparten un excepcional modo de encarar la vida, pues consideran que lo que realmente vale la pena es el viaje. Es gente que quiere verdaderamente ver el producto en el universo. Un objetivo más importante que sus propias vidas en este momento.

Macworld, nº 1, febrero de 1984

....

Muerte

La muerte es el mejor invento de la vida porque elimina del sistema los modelos obsoletos. Creo que ése es uno de los retos de Apple. Acaso porque se presenten un par de jóvenes con algo nuevo, ¿tenemos que aceptarlo y decir que es fantástico? ¿Está la gente dispuesta a pasar de nuestros modelos o vamos a justificarnos? Creo que nosotros lo haremos mejor porque somos perfectamente conscientes de la situación y lo hemos convertido en nuestra prioridad.

Playboy, febrero de 1985

Citando a Mark Twain en relación con el anuncio prematuro de su fallecimiento divulgado por Bloomberg. Las noticias sobre mi muerte son muy exageradas.

Acto organizado por Apple a propósito del iPod,
9 de septiembre de 2008

....

Netbooks

Los *netbooks* no son mejores ni peores. Son simplemente portátiles baratos.

Acto de Apple a propósito del iPad, 27 de enero de 2010

No dormirse en los laureles

Creo que porque uno haga algo que está bastante bien, no hay que quedarse ahí, sino hacer algo maravilloso. Pensar en lo siguiente.

msnbc.com, 25 de mayo de 2006

Nuevos productos

No es la primera vez que lo digo, pero vale la pena repetirlo: Apple lleva integrado en su ADN la idea de que la tecnología por sí sola no basta, y que es la unión de la tecnología, las artes liberales y las humanidades, lo que arroja resultados que son una bendición. Y en ningún terreno es eso más cierto que en los aparatos de la era post-PC.

Hay cada vez más gente del mercado de estas tabletas que empieza a considerarlas como el PC del futuro. El hardware y el software los fabrican empresas distintas y ya se habla de velocidad y aplicaciones como en tiempos de los ordenadores.

Nuestra experiencia y todas las fibras de nuestro ser nos dicen que no es el enfoque correcto, porque se trata de dispositivos de la era post-PC que requieren un uso más sencillo que el de un ordenador. Tienen que ser más intuitivos que un PC, y en ellos el hardware, el software y hasta las aplicaciones tienen que estar interrelacionados de un modo más impecable aún que en un ordenador.

En ese aspecto creemos seguir en el buen camino. Creemos que disponemos de la estructura correcta, no sólo en cuanto a la caja de silicio, sino en cuanto a la propia fabricación interna de esta clase de productos.

Por tanto, creo que tenemos muy buenas posibilidades de ser muy competitivos en este mercado. Espero que lo que acabáis de ver hoy os haya causado una buena impresión en ese sentido.

Acto de Apple a propósito del iPad 2,
2 de marzo de 2011

Objetivos

Cuando creamos Apple construimos nuestro primer ordenador porque nosotros queríamos tener uno. Diseñamos esa barbaridad de nuevo ordenador con color y muchas cosas más al que llamamos Apple II, del que seguramente habrán oído hablar. Teníamos verdadera pasión por hacer algo tan sencillo como fabricar unos cuantos ordenadores para nuestros amigos, para que se divirtieran con ellos tanto como nosotros.

Return to the Little Kingdom, 2009

Olvidarse del pasado

Al volver aquí en 1997 necesitaba más espacio y me encontré con un archivo lleno de Macs antiguos y otras cosas. Lo trasladé todo a Stanford. En este negocio, si miras hacia atrás estás perdido. Hay que mirar al futuro.

Wired, 22 de diciembre de 2008

Opciones sobre acciones

En Apple dimos muy pronto a nuestros empleados opciones sobre acciones. Fuimos de los primeros en hacerlo en Silicon Valley. A mi regreso retiré todas las bonificaciones de caja y las sustituí por opciones sobre acciones. Ni coches, ni billetes de avión ni pluses. Básicamente, todo el mundo recibe un sueldo y acciones [...] Es un modo muy igualitario de dirigir una empresa del que fue pionera Hewlett-Packard y que yo diría que Apple contribuyó a implantar.

CNNMoney/Fortune, 9 de noviembre de 1998

Oportunidades perdidas

Pues bien, fuimos a Atari y les dijimos: «Mirad, hemos conseguido hacer este aparato extraordinario y lo hemos hecho con algunos componentes vuestros, ¿qué tal si nos financiáis? Sólo queremos fabricarlo. Pagadnos un sueldo y venimos a trabajar con vosotros». Pero nos contestaron: «No». Así que fuimos a Hewlett-Packard y allí nos dijeron: «No, no necesitamos aprendices».

Fast Company, *11 de agosto de 2009*

Ordenadores

El problema es que en cuestión de hardware ya no se puede hacer un ordenador que sea el doble de bueno que otro. Hay demasiada gente capaz de hacerlo. Con suerte, se consigue hacer uno que sea 1,3 veces mejor, o 1,5 mejor, pero al cabo de seis meses todos los demás te han igualado.

Rolling Stone, *16 de junio de 1994*

Ordenadores como herramientas, Los

Para mí un ordenador es la herramienta más notable que se ha inventado. En nuestro imaginario es comparable a la bicicleta.

Memory & Imagination, *1990*

Ordenadores para todos

Apple nació con el objetivo de fabricar ordenadores para la gente, no para empresas. El mundo no necesita otra Dell ni otra Compaq.

Time, *18 de octubre de 1999*

Orgullo en el producto

A propósito de los 47 miembros del equipo Mac que firmaron el molde de la carcasa del primer Macintosh: Los artistas firman su obra.

Folklore.org, febrero de 1982

....

Pasión

La gente dice que tienes que sentir mucha pasión por lo que haces y es una verdad como un templo. La razón es que si no la tienes resulta tan difícil, que cualquier ser racional se desalienta enseguida. Es duro de verdad. Y tienes que perseverar sin desanimarte. Si no te entusiasma lo que haces, si no te divierte, si no lo quieres de verdad, seguro que te rindes. Y eso es en realidad lo que ocurre con casi todo el mundo. Si observáis bien a quienes acabaron «triunfando» a ojos de la sociedad y quienes no, suelen ser los triunfadores los [que] querían de verdad lo que hacían y los que fueron capaces de perseverar cuando las cosas se ponían difíciles. Y los que no pusieron pasión tiraron la toalla, ¿no? ¿Quién va a querer vérselas con este negocio si no lo quiere de verdad? Así que, como exige mucho trabajo y constante preocupación, si no lo quieres de verdad vas al fracaso.

D5 Conference: All Things Digital,
30 de mayo de 2007

Hay que encontrar lo que uno quiere de verdad. Y eso es tan cierto respecto al trabajo como a las personas. El trabajo va a llenar una gran parte de tu vida y la única manera de verse plenamente satisfecho es hacer lo que consideras que es un trabajo estupendo. Y la única manera de hacer un trabajo estupendo es querer de verdad lo que haces… Sin conformarse.

Discurso inaugural de curso,
Universidad de Stanford,
12 de junio de 2005

....

PC como eje digital, El

Creemos que la gran era que se avecina es la del ordenador personal como eje digital de todos estos dispositivos.

Time, *14 de junio de 2002*

Pensar más allá

Si quieres vivir la vida de una manera creativa, como un artista, no debes mirar demasiado al pasado. Tienes que estar dispuesto a deshacerte de lo que hayas hecho o sido antes.

Playboy, febrero de 1985

Mañana vamos a inventar y a olvidarnos de lo que ocurrió ayer.

D5 Conference: All Things Digital, 30 de mayo de 2007

Percepción

Una de las razones por las que creo que a Microsoft le costó diez años copiar el Mac es porque no llegaron a profundizar.

Rolling Stone, 16 de junio de 1994

Perder cuota de mercado

¿Cómo se pierden los monopolios? Piénselo. Se inventan muy buenos productos, buenos de verdad, y la empresa establece un monopolio. Pero al cabo de un tiempo no son ya los creadores del producto quienes dirigen la empresa, sino los expertos en mercado o los que amplían el negocio a América Latina o a donde sea […]. Así que es otro grupo distinto de personas el que empieza a actuar, y ¿quién suele acabar dirigiendo la orquesta? Los de ventas.

Bloomberg Businessweek, 12 de octubre de 2004

Perder dinero

Yo soy el único que sabe que se han perdido 250 millones de dólares en un año […]. Eso confiere mucho carácter.

Apple Confidential 2.0, 2004

....

Perseverancia

Estoy convencido de que lo que diferencia a los empresarios que triunfan de los que no es simplemente un 50 % de perseverancia [...]. Si no lo vives con gran pasión, no sales adelante. Lo dejarás. Por tanto, tienes que tener una idea, o un problema o un error que corregir que te apasione; si no, te faltará perseverancia para avanzar en tu tarea.

Smithsonian Institution Oral and Video Histories, 20 de abril de 1995

....

Perspicacia

Creo que el «arte» está en tener la capacidad de discernir bien cuanto nos rodea. En términos generales, es relacionar las cosas de un modo innovador y saber cómo expresarlo para quienes no tienen esa perspicacia...

Smithsonian Institution Oral and Video Histories, 20 de abril de 1995

Teníamos nuestra experiencia en hardware y pericia en diseño industrial y en software, iTunes incluido. Una de nuestras percepciones más fundamentales era la decisión de no gestionar la biblioteca musical en el iPod, sino en el propio iTunes. Otras empresas quisieron hacerlo todo con su propio aparato y lo volvieron tan complicado que no servía para nada.

Newsweek, *16 de octubre de 2006*

....

Pixar

Pixar reunía con gran diferencia a los mayores talentos del mundo en computación gráfica, y ahora posee a los mejores expertos del mundo en animación artística para hacer las películas que hace. Realmente no hay otra empresa en el mundo capaz de hacerlas. Es fenomenal. Llevamos probablemente un adelanto de diez años sobre los demás.

Smithsonian Institution Oral and Video Histories, 20 de abril de 1995

Creemos que [*Toy Story*] es el mayor progreso en animación desde que Walt Disney inauguró el estilo con el estreno de *Blancanieves* hace cincuenta años.

CNNMoney/Fortune, *18 de septiembre de 1995*

Potencial de los empleados

Mi trabajo no consiste en ser amable con la gente. Mi trabajo es hacerla mejor.

CNNMoney/Fortune, *febrero de 2008*

Presentación

Tenía perfectamente claro que por cada aficionado al hardware que quería ensamblar su propio ordenador había mil que, aunque eran incapaces de hacerlo, pretendían jugar con la programación... Igual que yo cuando tenía 10 años. Yo lo que soñaba era que Apple II fuese el primer ordenador con una auténtica presentación... Tenía el gusanillo de que fuese una carcasa de plástico.

AppleDesign, *1997*

Presentación del Mac

Estamos en 1984. IBM va a por todas. Apple constituye el único incentivo posible para IBM. Los comerciantes que en un principio recibían a IBM con los brazos abiertos, temen ahora un futuro dominado y controlado totalmente por IBM, y se vuelven cada vez más hacia Apple como única fuerza capaz de garantizarles su libertad futura. IBM lo quiere todo y dirige sus cañones contra el último obstáculo en la industria: Apple. ¿Alcanzará el «Big Blue» un dominio absoluto en la industria del ordenador? ¿En toda la era de la información? ¿Tenía razón George Orwell?

Acto especial de Apple en torno al Macintosh, enero de 1984

....

Proceso

El sistema es que no hay sistema. Lo que no significa que no haya un proceso. Apple es una empresa muy disciplinada, dotada de notables procesos. Pero no se trata de eso. Un proceso te hace más eficiente.

Bloomberg Businessweek, *12 de octubre de 2004*

....

Productos

Jim McCloney, ex director de operaciones globales, recuerda las críticas vertidas por Jobs contra los ejecutivos de Apple en julio de 1997, cuando Gil Amelio fue destituido y Jobs asumió el control: Lo que manda son los productos. ¡Los productos son un ASCO! ¡No hay ya en ellos ningún atractivo!

Bloomberg Businessweek, *6 de febrero de 2006*

....

Productos fenomenales

En realidad, hacer un producto disparatadamente fenomenal tiene mucho que ver con el proceso en sí de hacer el producto, con cómo aprender cosas y adoptar nuevas ideas descartando las anticuadas.

Playboy, *febrero de 1985*

Mire, mi filosofía es... siempre ha sido muy sencilla. Aunque también tiene sus fallos, de los que hablaré más adelante. Mi filosofía es que todo empieza con un producto fenomenal. Así que, por supuesto, estoy convencido de que hay que tener en cuenta al cliente; pero el cliente no puede decirte la próxima innovación que va a producirse el año que viene y que va a revolucionar la industria. Por tanto, hay que escucharle muy atentamente, sí. Pero a continuación hay que recluirse en cierto modo, esconderse del público con gente que verdaderamente entiende la tecnología pero que, además, tiene en cuenta al usuario, y sueña con esa ansiada innovación. Ésa es mi perspectiva, que todo empieza por un producto fenomenal. Esto tiene sus fallos. Se me ha acusado con razón de no escuchar suficientemente al cliente. Es muy posible que haya en ello cierta parte de verdad.

Newsweek, *29 de septiembre de 1985*

Quedarse sin respiración

Me siento como si me hubieran dado un puñetazo en el estómago dejándome sin respiración. Tengo sólo 30 años y no quiero perder la oportunidad de seguir creando cosas. Sé que en mi cabeza hay todavía un gran ordenador como mínimo. Y Apple no va a darme la oportunidad de hacerlo.

Playboy, *febrero de 1985*

Reclamaciones del cliente

He recibido centenares de correos electrónicos de clientes del iPhone quejándose por la reducción de 200 dólares en el precio del mismo a los dos meses de salir al mercado. Una vez leídos todos esos correos, tengo ciertas observaciones y conclusiones que plantear […]. Siempre son posibles cambios y mejoras, y siempre habrá quien compre un producto antes de que se produzca una rebaja y no se beneficie del nuevo precio, del nuevo sistema operativo o de lo que sea. Así es la vida en la ruta tecnológica. Si uno esperara a que haya una rebaja de precio o a comprar el modelo mejorado, nunca compraría productos tecnológicos porque constantemente habrá en perspectiva algo mejor y más barato. […] Aunque hemos adoptado la decisión correcta rebajando el precio del iPhone, y aunque la ruta de la tecnología está llena de baches, tenemos que mejorar la relación con nuestros primeros clientes del iPhone a la par que pugnamos sin tregua por fabricar nuevos modelos a mejor precio. Los primeros clientes confiaron en nosotros y en momentos como éste debemos congratularnos de que hayan confiado en nuestros productos.

Página web de Apple, septiembre de 2007

Reflexión pasiva frente a reflexión activa

No creemos que los televisores y los ordenadores personales acaben fusionándose. Más bien creemos que uno ve la televisión para desconectar el cerebro, y que con el ordenador se trabaja cuando se quiere conectar el cerebro.

Macworld, 2 de febrero de 2004

Reflexionar sobre el problema

Cuando abordas un problema... ves que es complicado y se te ocurren una serie de soluciones enrevesadas. La mayoría de la gente no pasa de ahí, y las soluciones, en general, funcionan durante un tiempo. Pero el individuo realmente grande sigue adelante, da con el problema intrínseco y aplica una solución elegante que funciona a todos los niveles. Es lo que pretendimos en el caso del Mac.

AppleDesign, 1997

Tenemos muchos clientes y mucha investigación en marcha en nuestras instalaciones. Además, seguimos muy de cerca las tendencias de la industria. Pero al final, para algo tan complicado, es muy difícil diseñar productos por equipos «centrados». Muchas veces la gente no sabe lo que quiere hasta que se lo enseñas.

Bloomberg Businessweek, 25 de mayo de 1998

Reparto de beneficios, Ningún anticipo en el

El remedio es dejar de pagar anticipos. El remedio consiste en buscar buenos ingresos y decirle al artista: te damos el 20 % de cada dólar que ingresemos... pero sin derecho a anticipos. Las cuentas son claras: cuanto más éxito tengas, más ganas. Y si no tienes éxito no ganas un centavo. Nos arriesgamos a gastar dinero en ti en comercialización y punto. Si no tienes éxito, no ganas nada, pero si lo tienes ganas mucho. Ésa es la solución. Así es como funciona el mundo.

Rolling Stone, 3 de diciembre de 2003

Robo en Internet y motivación

En nuestra opinión, no vemos cómo se puede convencer a la gente de que deje de robar, a menos que se le ofrezca una zanahoria en vez de un palo. La zanahoria sería: os vamos a ofrecer algo mejor… que una canción os cueste un dólar.

Rolling Stone, *16 de junio de 1994*

Toda esa tecnología de la que habláis no funcionará. Nosotros tenemos titulados que lo saben de sobra, y no creemos que sea posible proteger los contenidos digitales […]. La novedad radica en este asombroso y eficaz sistema de distribución de propiedad robada llamado Internet y nadie va a cerrar Internet. Basta una sola copia robada para que el contenido esté disponible en Internet. Nuestro planteamiento es el siguiente: una ganzúa abre cualquier puerta. Basta una sola persona para forzar la cerradura.

Rolling Stone, *16 de junio de 1994*

Sabiduría

Yo daría toda mi tecnología a cambio de una tarde con Sócrates.

Newsweek, *28 de octubre de 2001*

Salir adelante

El triunfo en nuestra industria se llama «salir adelante», y nosotros vamos a salir adelante innovando.

Time, *5 de febrero de 2003*

Salud, Baja por motivos de

A fin de salir del centro de atención y ocuparme de mi salud, dejando que la gente de Apple se concentre en la entrega de productos extraordinarios, he decidido tomarme una baja por motivos de salud hasta finales de junio.

He pedido a Tim Cook que asuma la responsabilidad en las operaciones diarias de Apple, y sé muy bien que tanto él como el resto de la dirección ejecutiva lo harán perfectamente. Durante mi ausencia pienso seguir tomando las principales decisiones estratégicas en mi calidad de consejero delegado. El consejo de administración aprueba sin reservas este plan.

De la asesoría sobre medios de comunicación de Apple
a todos los empleados de la compañía, 14 de enero de 2009

Se queda grabado

No necesitáis tomar notas. Si es importante se os quedará grabado.

Inside Steve's Brain, *2009*

Secreto del producto

Nunca hablamos de los productos en proyecto. En Apple había un dicho: un barco se hunde por arriba. ¿No es de risa? Así que yo no quiero perpetuarlo y no puedo decir nada.

ABCNews.com, 29 de junio de 2005

Sencillez

A medida que aumenta la complejidad tecnológica, hay aún mayor demanda de esa fortaleza esencial de Apple que consiste en saber cómo hacer comprensible a los simples mortales una tecnología muy sofisticada. Los Dell de este mundo no se gastan dinero ni piensan en esas cosas.

The New York Times Magazine, *30 de noviembre de 2003*

Si pudiéramos hacer cuatro plataformas de grandes productos no pediríamos más. Podemos poner nuestro equipo A a trabajar en ellas, en lugar de crear un equipo B o C. Podemos ir más rápido.

Discurso de apertura, Seybold Seminars, marzo de 1998

Apple tiene un ADN muy potente, que le permite fabricar tecnología refinadísima accesible a la gente... gente que no quiere leer manuales, gente que tiene una vida muy ocupada.

Guardian, *22 de septiembre de 2005*

A propósito de la sencillez del iMac: Si preguntas a la gente qué problema tiene actualmente con los ordenadores, te dirán que son muy complicados, que tienen montones de cables por detrás, que son muy grandes y ruidosos, muy feos y que tardan mucho en conectarse a Internet. Así que nosotros intentamos solventar esos problemas con productos como el iMac. Porque, veamos: el iMac es el único ordenador de sobremesa que viene embalado en una sola caja. Se enchufa y en menos de quince minutos estás navegando por Internet.

Macworld Expo, 13 de marzo de 1999

Hemos revisado la previsión de nuevos productos y hemos eliminado el 70%, dejando solamente el 30%, los que son auténticas perlas. En Apple los equipos de producción están entusiasmados. Hay tantas posibilidades al alcance de la mano que es fácil cambiar de dirección.

Macworld Expo, 3 de enero de 1998

....

Ser los mejores

No vamos a ser los primeros en esta fiesta, vamos a ser los mejores.

Acto de Apple a propósito del iPhone OS 4.0, 8 de abril de 2010

....

Ser o no ser

Tienes un tiempo limitado y no hay que perderlo viviendo la vida de otro. No quedes atrapado en el dogma de vivir con arreglo a los parámetros de lo que otros piensan. Que el ruido de las opiniones de los demás no acalle tu propia voz interior. Y lo más importante: ten el valor de obedecer a tu corazón y a tu intuición que, en cierto modo, saben lo que quieres ser de verdad. Todo lo demás es secundario.

Discurso inaugural de curso, Universidad de Stanford,
12 de junio de 2005

....

Socios

No creemos que una empresa pueda hacerlo todo. Hay que asociarse con quienes son realmente buenos […]. No intentamos ser geniales en búsqueda, así que nos asociamos con los que destacan en búsqueda […]. Sabemos cómo lograr el mejor mapa de clientes del mundo, pero no sabemos cuál es el fundamento, así que nos asociamos con quienes conocen esa estructura. Lo que nosotros pretendemos es asumir el producto para el consumidor, y que la práctica del consumidor se integre en toda esa información elaborada que podamos ofrecerle en una estupenda interfaz de usuario, en un producto coherente.

D5 Conference: All Things Digital, 30 de mayo de 2007

....

Software

Bill [Gates] creó la primera empresa industrial de software. Y creo que fue la primera empresa de software antes de que nadie supiera lo que era una empresa de software. Era enorme, y el modelo de negocio que acabaron poniendo en marcha funcionó muy bien. Bill se centró en software antes de que nadie tuviera ni idea. Podría decirse mucho más, pero eso es la clave.

D5 Conference: All Things Digital,
30 de mayo de 2007

Lo que realmente es interesante si consideras la razón por la que el iPod existe y que Apple esté en ese mercado, es que esas impresionantes empresas japonesas de consumo electrónico que en cierto modo dominan el mercado musical portátil —lo inventaron y lo dominan— no supieron hacer el software adecuado, no supieron concebir e implementar el software adecuado. Porque el iPod no es realmente más que software. Lo que se avecina es software en el iPod, software en el PC o el Mac y software en la nube.

D5 Conference: All Things Digital,
30 de mayo de 2007

A propósito del software de iMovie: Multiplica por diez el valor de la videocámara digital porque te permite transformar el material filmado en una increíble película con transiciones, difuminados, créditos y banda sonora. Puedes transformar horas de rodaje que generalmente no vuelves a mirar en la cámara digital, en una emocionante obra de comunicación. Profesional, personal. Es fantástico... te lo revaloriza por diez.

Charla de apertura en Macworld, 9 de enero de 2001

Sopesar las prioridades

A propósito de cuando conoció a su esposa, Laurene: Estaba en el aparcamiento, con la llave metida en la puerta del coche, y pensé: «Si ésta fuese la última noche de mi vida, ¿la pasaría en una reunión de negocios o con una mujer?». Crucé el aparcamiento a la carrera, le pregunté si quería cenar conmigo, me dijo que sí, fuimos a pie al centro y desde entonces estamos juntos.

The New York Times Magazine, *12 de enero de 1997*

....

Sucesores resentidos

A propósito de una sucesión organizada por Larry Ellison de Oracle para que Jobs volviera a ser director de Apple: Me propuse no actuar como un sucesor resentido. Otra cosa hubiera sido si me hubieran [pedido] que volviera.

Time, *5 de febrero de 2003*

....

Sueldo anual de 1 dólar para Jobs

Gano 50 centavos por comparecer... y los otros 50 centavos por mi rendimiento.

AppleInsider.com, 10 de mayo de 2007

....

Talentos interdisciplinares

Nunca he creído que los diversos talentos vayan por separado. Leonardo da Vinci era un gran pintor y un gran científico. Miguel Ángel sabía muy bien cómo cortar la piedra en la cantera. Los mejores doce científicos de computación que conozco son músicos, unos mejores que otros, pero todos ellos consideran que la música constituye una parte importante de su vida. Yo no creo que los más descollantes en cualquiera de estos campos se consideren como una rama independiente del mismo árbol. No lo veo así. La gente interrelaciona mucho los conocimientos. El doctor Land de Polaroid decía: «Quiero que Polaroid se sitúe en la intersección del arte con la ciencia»; yo nunca he olvidado eso. Creo que es posible, creo que muchos han seguido ese camino.

Time, *10 de octubre de 1999*

....

Tecnología en perspectiva

[La tecnología] no cambia el mundo. De verdad que no. La tecnología lo pone más fácil, permite que estemos en contacto con gente a la que no accederíamos de no existir esa tecnología. Pero es un prejuicio ver siempre el panorama bajo el prisma radical de que va a cambiarlo todo. Aunque las cosas no cambien el mundo no dejan de tener su importancia.

The Independent, *29 de octubre de 2005*

Toma de decisiones

En Apple sólo hay diez decisiones importantes de verdad que adoptar a la semana. Es una empresa que cada mes lanza al mercado muchos productos nuevos, y si algunas decisiones son equivocadas, quizá se subsanen unos meses después. En Pixar, como yo no dirijo las películas, sólo hay que tomar algunas decisiones estratégicas importantes al mes, o incluso al trimestre; pero es muy difícil revocarlas. La de Pixar es una operación mucho más lenta, pero una vez adoptadas las decisiones tienes que seguir adelante.

To Infinity and Beyond!, *2007*

Toy Story 2

A propósito de cómo el compromiso de Pixar con Toy Story 2 *exigió un gran esfuerzo por parte del personal de la empresa:* Todo el mundo estuvo tan entregado a *Toy Story* y tan entusiasmado con la película y los personajes, que nos matamos por hacerla. A algunos les costó un año recuperarse. Fue duro... muy duro, pero lo hicimos. Ahora ha pasado el tiempo y podemos ya mirar atrás y sentirnos satisfechos. Pero fue un calvario.

To Infinity and Beyond!, *2007*

Trabajar con tesón y hacerse mayor

Leí una cosa que dijo Bill Gates hará unos seis meses: «Cuando tenía 20 años trabajé con verdadero tesón». Sé muy bien lo que significa porque yo también trabajé con auténtico tesón a los 20 años... siete días a la semana y muchas horas diarias. Pero no puedes hacerlo eternamente. No quieres hacerlo eternamente.

Time, *10 de octubre de 1999*

Trabajo duro

En mi vida había estado tan cansado. Llegaba a casa hacia las diez de la noche y me dejaba caer sin más en la cama; después me levantaba a las seis de la mañana, me daba una ducha y me iba a trabajar. Todo fue posible gracias al apoyo de mi mujer, que sacó adelante a la familia con un marido *in absentia*.

CNNMoney/Fortune,
9 de noviembre de 1998

Trabajo en equipo

Mi modelo para los negocios son los Beatles, que eran cuatro chicos que controlaban mutuamente sus tendencias negativas para equilibrarse entre sí, con un resultado superior a la suma de las partes. Así veo yo los negocios: los triunfos en el mundo empresarial no son obra de una sola persona, sino de un equipo.

60 Minutes, *2003*

Ubicuidad del Mac

Apple ocupa un puesto muy interesante. Porque, como puede que sepan, casi todas las canciones y CD se hacen en un Mac... se graban en un Mac, se mezclan en un Mac. Las obras de arte se hacen con un Mac. Casi todos los artistas que conozco tienen iPod y la mayoría de los ejecutivos de casas discográficas tienen iPods.

Rolling Stone, *3 de diciembre de 2003*

Valores

A propósito del budismo zen: Propugna el valor de la experiencia frente al conocimiento intelectual. Yo he visto a mucha gente que contemplaba cosas, pero eso no les llevó realmente muy lejos. A mí me interesa mucho la gente que descubre algo más importante que un conocimiento intelectual, abstracto.

Return to the Little Kingdom, *2009*

Valores fuera de lugar

Mire, mi reacción intuitiva en lo que respecta a la posesión de dinero es que tiene gracia concederle tanta atención, porque difícilmente podría catalogarla como la experiencia más profunda o valiosa que he tenido en los últimos diez años. Y a veces hace que me sienta raro, pues cuando hablo en una universidad me resulta extraño que lo que con más respeto miran los estudiantes es que sea millonario.

Playboy, *febrero de 1985*

Visión

Apostamos por nuestra visión; preferimos eso a hacer productos «yo también». Que lo hagan otras empresas. Nosotros no dejamos de soñar.

Acto de Apple con ocasión del primer ordenador Macintosh,
24 de enero de 1984

Tengo siempre los ojos bien abiertos a cualquier oportunidad importante, pero llevarla a buen puerto, tal como está hoy el mundo, requiere inmensos recursos, tanto en dinero como en talento de ingeniería. No sé cuál va a ser la próxima buena oportunidad, pero no me faltan ideas.

CNNMoney/Fortune, *24 de enero de 2001*

Visión compartida

Lo que nos unía en Apple era la capacidad de hacer cosas que iban a cambiar el mundo. Eso era muy importante.

Smithsonian Institution Oral and Video Histories,
20 de abril de 1995

Zen

La pesada carga del éxito fue sustituida por la levedad de volver a ser un principiante, más inseguro en todo. De ese modo me sentí liberado y entré en uno de los períodos más creativos de mi vida. *[Alusión de SJ al popular dicho del maestro zen Shunryu Suzuki: «En la mente del principiante hay muchas posibilidades, y pocas en las del experto».]*

Discurso inaugural de curso, Universidad de Stanford,
12 de junio de 2005

HITOS

1955

SJ nace en San Francisco; hijo de Abdulfattah John Jandali y de Joanne Simpson. Es entregado en adopción a Paul y Clara Jobs, quienes le ponen por nombre Steven Paul Jobs (24 de febrero).

1966

La familia Jobs se traslada a Los Altos, California, y SJ ingresa en el instituto de Homestead donde desarrolla su interés por la música (particularmente Bob Dylan y los Beatles) y la electrónica.

1971

SJ conoce al futuro cofundador de Apple, Stephen «Woz» Wozniak.

1972

SJ y Wozniak construyen y ponen a la venta sus «blue boxes», dispositivos electrónicos que emiten diversos tonos por la red telefónica y que los estudiantes del instituto utilizan para hacer llamadas gratis. (En un artículo de *Esquire* publicado en octubre de 1971, explican cómo los han hecho.) De ese modo ganan ilícitamente 6.000 dólares antes de emprender actividades legales.

SJ acaba sus estudios de enseñanza secundaria. En septiembre ingresa en el Reed College de Portland, Oregón, pero abandona los estudios al cabo de un semestre, aunque asiste a clases como oyente mientras lleva una vida bohemia.

En Reed conoce a un futuro empleado de Apple, Dan Kottke, que posteriormente montaría y probaría el primer ordenador Apple I.

1974

SJ consigue un empleo en Atari, la empresa de videojuegos de Nolan Bushnell (septiembre).

Comienza a asistir al Homebrew Computer Club, formado por aficionados a la electrónica.

1976

Apple Computer se traslada al Stevens Creek Boulevard de Cupertino, California, donde instala su primer bloque de oficinas (enero).

Nace Apple, cofundado por SJ (45 % de las acciones), Wozniak (otro 45 %) y Ronald Wayne (10 %). Wayne decide que no puede asumir el riesgo y vende su 10 % a SJ y a Woz por 800 dólares (1 de abril).

SJ recibe un pedido de 50 ordenadores de Byte Shop en Mountain View, California. El dueño quiere máquinas listas para usar, pero Apple sólo entrega el núcleo de los ordenadores, es decir, las placas de circuitos. SJ esperaba que técnicos aficionados añadiesen los periféricos necesarios: teclado y monitor (un televisor CRT), el alimentador de energía y la carcasa (julio).

SJ y Kottke presentan el Apple I en el Personal Computer Festival de Atlantic City, Nueva Jersey. Mientras tanto, Wozniak trabaja en el Apple II, un gran salto hacia delante al tratarse de un ordenador personal listo para el uso dirigido al mercado de masas (28-29 de agosto).

1977

A cambio de una tercera parte de Apple, Mike Markkula, capitalista de riesgo, «proporciona un respaldo financiero inicial de 250.000 dólares» (Apple Computer Inc., Memorando de oferta) (enero).

Apple presenta el Apple II en la West Coast Computer Faire de San Francisco (16-17 de abril).

Apple Computer distribuye su primer sistema Apple II (junio).

1978

Apple presenta su primera disquetera, diseñada para el Apple II, en el Consumer Electronics Show (CES) de Las Vegas (enero).

Apple distribuye en otoño el Apple III, equipo destinado al mercado empresarial, mientras SJ se dedica a crear el primer ordenador Lisa para el mercado de negocios.

Apple recluta como consejero delegado a Michael Scott, de National Semiconductor (febrero).

Nace el primer hijo de SJ, Lisa Brennan-Jobs, fruto de su relación con Chris-Ann Brennan, su novia de entonces. SJ no asume la crianza ni acepta la paternidad hasta que una prueba de ADN realizada por orden judicial demuestra alta probabilidad de concordancia genética.

1979

Apple obtiene ingresos por valor de 47 millones de dólares.

SJ y otros jefes clave de Apple hacen una visita al Centro de Investigación de Palo Alto (PARC, por sus siglas en inglés) de Xerox, donde les muestran nuevas tecnologías de ordenador, como el ratón y la interfaz gráfica de usuario (GUI, Graphical User Interface). Es un acontecimiento perfecto para SJ, que inmediatamente vislumbra su trascendencia para el futuro de los ordenadores.

Apple presenta el Apple II Plus (junio).

Se lanza el VisiCalc, un programa electrónico con hoja de cálculo para el Apple II, lo que contribuye notablemente a aumentar las ventas del ordenador (noviembre).

1980

En una emisión pública de acciones Apple vende 4,6 millones, inicialmente a 22 dólares la acción, pero al cierre de la Bolsa se cotizan a 29 dólares. Valor estimado de Apple: 1.778 millones de dólares (12 de diciembre).

1981

Apple presenta el Apple III; un fallo de diseño provoca reclamaciones en las primeras 14.000 unidades.

Andy Hertzfeld, programador de Apple, comienza a trabajar en el sistema operativo del Macintosh, una alternativa viable al costoso ordenador Lisa de SJ (febrero).

El consejero delegado de Apple Mike Scott, apodado «Miércoles negro» por los empleados, despide a la mitad del equipo del Apple II sin autorización de la junta directiva. Por su parte la junta opta por despedir a Scott, nombrando consejero delegado interino a Mike Markkula mientras buscan un nuevo director ejecutivo (25 de febrero).

SJ se convierte en miembro de la junta y Mike Markkula en presidente, como sustituto de Mike Scott (marzo).

IBM lanza su ordenador personal, el IBM PC 5150, que SJ ridiculiza públicamente como un producto tecnológicamente inferior; SJ sin embargo subestima su atractivo, especialmente en el sector empresarial, que lo prefiere a los modelos de Apple (agosto).

1982

Microsoft firma un acuerdo para el desarrollo de tres de las aplicaciones imprescindibles para el Mac: una hoja de cálculo, una base de datos y un programa gráfico de negocios (22 de enero).

SJ aparece en la portada de la revista *Time*: «Americanos que se arriesgan: Steve Jobs de Apple Computer» (15 de febrero).

SJ compra un apartamento en Nueva York en el edificio San Remo. Tras innumerables modificaciones realizadas por el arquitecto I. M. Pei, SJ nunca vivió en él y posteriormente lo vendió.

Time prescinde de SJ como «Hombre del año» en favor de su creación, nombrando al ordenador personal «máquina del año» (diciembre).

1983

SJ viaja a Nueva York para que los medios de comunicación echen un primer vistazo a Lisa, su potente ordenador para el mundo empresarial. Durante su estancia conoce al ejecutivo de Pepsi John Sculley, quien le causa tan buena impresión que finalmente lo recluta para Apple (enero).

Apple lanza oficialmente el ordenador Lisa (Local Integrated Software Architecture) (19 de enero).

Apple presenta el Apple IIe (enero).

Apple contrata como consejero delegado a John Sculley (8 de abril).

1984

Presentación del Lisa 2 (14 de enero).

Apple presenta el primer ordenador Macintosh, lanzado con un anuncio revolucionario durante la Super Bowl XVIII. El *spot*, titulado «1984» y dirigido por Ridley Scott, tiene un coste de 1,2 millones de dólares en producción y difusión. El Mac es el primer ordenador del mundo con GUI (interfaz gráfica de usuario) dirigido al mercado de masas (22 de enero).

SJ adquiere Jackling House, una mansión de 1.600 metros cuadrados en Woodside, California.

Apple adquiere las 39 páginas de publicidad disponibles en la edición «Extra elecciones» del *Newsweek* para promocionar el Macintosh (noviembre-diciembre).

1985

Lanzamiento de la impresora LaserWriter, pionera de la autoedición. Además el Lisa es revisado en forma de Macintosh XL, pero las ventas no mejoran (enero).

Wozniak, descontento con su papel fundamentalmente simbólico en Apple, dimite para fundar su propia empresa, CL9, donde puede concentrarse en su primer amor: inventar productos electrónicos (6 de febrero).

Apoyado por la junta directiva de Apple, John Sculley destituye a SJ del cargo de director de la división Mac. En una entrevista de 2010 con Leander Kahney, Sculley reconoció sinceramente su error por haber prescindido de Jobs: «Mirando hacia atrás, resulta muy obvio que no deberíamos haberle despedido. Lo hicimos y yo reconozco mi culpa. Con ello se habría evitado la situación casi terminal de Apple» (31 de mayo).

Al sentirse traicionado y perdida su confianza en el futuro de Apple, SJ conserva una sola acción de Apple y vende las demás.

Alan Kay, del PARC de Xerox, un visionario de los ordenadores, le cuenta a SJ que George Lucas quiere vender Pixar. A SJ le interesa comprarla por 10 millones de dólares, pero no por los 30 millones que piden.

Apple despide a 1.200 empleados (14 de junio).

Deja de fabricarse el Macintosh XL (1 de agosto).

SJ comunica a la junta directiva de Apple que abandona la compañía para crear una nueva empresa, NeXT. Apple le anima e incluso se ofrece como socio inversor (13 de septiembre).

SJ y Wozniak reciben la Medalla Nacional de Tecnología de manos del presidente Ronald Reagan.

1986

John Sculley añade a sus cargos de presidente y jefe ejecutivo el de director de la junta (29 de enero).

Apple retira el Macintosh original, sustituyéndolo por el Macintosh 512K Enhanced (o Mac 512K*e*) (14 de abril).

SJ compra The Graphics Group (llamado posteriormente Pixar Animation Studios) a George Lucas e invierte 10 millones de dólares. De ese modo se convierte en consejero delegado y principal accionista.

Pixar lanza su consola gráfica, la Pixar Image Computer (mayo).

1987

Apple presenta el Macintosh SE y el Macintosh II, su primer ordenador gráfico en color (2 de marzo).

Lanzamiento del Pixar Image Computer (P-11).

1988

Presentación del ordenador NeXT (12 de octubre).

1989

La película de dibujos animados de Pixar *Tin Toy* gana el Oscar al mejor cortometraje animado.

Apple lanza el Macintosh Portable, con un peso de 7,7 kilos (20 de septiembre).

1990

SJ paraliza el desarrollo y las ventas del Pixar Image Computer y se concentra en el desarrollo del software llamado RenderMan (30 de abril).

1991

SJ se casa con Laurene Powell en el hotel Ahwanhee del Parque Nacional de Yosemite, California. Oficia la ceremonia un monje budista zen, Kobin Chino, amigo de SJ (18 de marzo).

«Pixar y Walt Disney unen sus fuerzas para desarrollar, producir y distribuir hasta un máximo de tres películas animadas de larga duración», informa la página web de Pixar.

1992

La revista *Fortune* incluye a SJ en su National Business Hall of Fame (9 de abril).

La hermana biológica de SJ, Mona Simpson, publica una novela titulada *The Lost Father*.

En el CES (Consumer Electronics Show) de Chicago, Sculley presenta un prototipo del Newton MessagePad, la PDA (en inglés, asistente digital personal) de Apple (mayo).

1993

Al no lograr su previsión de ventas, NeXT abandona su línea de hardware para centrarse exclusivamente en el desarrollo de software (11 de febrero).

Sculley es sustituido como consejero delegado por Michael Spindler (18 de junio).

Apple anuncia despidos masivos: 2.500 empleados en todo el mundo (julio).

Se distribuye el Newton (agosto).

Apple deja de fabricar el Apple II y sus periféricos (15 de octubre).

1994

Apple lanza el primer PowerPC, una placa que se instala en sus modelos Centris y Quadra de ordenadores Mac (enero).

Apple anuncia que cederá la licencia de su Mac OS (sistema 7) a otros fabricantes de ordenadores.

A finales del año SJ intenta sin éxito vender Pixar. Entre los posibles compradores figura Microsoft.

1995

Pase previo de *Pocahontas* en el Central Park de Nueva York (10 de junio).

Disney lanza *Toy Story* el fin de semana del día de Acción de gracias. La película obtiene un enorme éxito y recauda 191,7 millones de dólares sólo en Estados Unidos (noviembre).

Pixar vende en su emisión pública de acciones 6,9 millones (29 de noviembre).

1996

Spindler es sustituido como consejero delegado por Gilbert Amelio, que poco después asume también el cargo de director (2 de febrero).

SJ ocupa un lugar prominente en un documental de la PBS sobre Silicon Valley titulado *Triumph of the Nerds* (junio).

Tras prometer prematuramente un sistema operativo que no puede entregar, Apple busca otro Mac OS y lo reduce al BeOS (obra del antiguo ejecutivo de Apple, Jean-Louis Gassée) y el software de NeXT de Steve Jobs.

SJ, en una presentación al consejo de Apple, lo convence para que adquiera NeXT por 427 millones, con su OS como principal activo. SJ se ha reintegrado a Apple, aunque sin capacidad asesora oficial (diciembre).

1997

SJ y Wozniak, tras una larga ausencia, regresan a Apple para ayudar a remontarla (enero).

Amelio anuncia que posiblemente se dejará de fabricar el Newton.

Los nuevos miembros del comité ejecutivo, con nueva mentalidad, SJ y Wozniak, se convierten en asesores de Amelio (febrero).

Amelio dimite. SJ se convierte en consejero delegado interino de Apple, cargo que él denomina «iCEO», tras haberle ofrecido el cargo de director ejecutivo y que debido a sus intereses ininterrumpidos en Pixar, SJ declina (9 de julio).

SJ empieza a simplificar la línea de producción de Apple, para lo cual reduce a diez los cuarenta y ocho modelos de ordenadores.

En Macworld, SJ anuncia nuevos acuerdos con su antiguo enemigo empresarial, Microsoft, noticia que despierta sentimientos encontrados entre los seguidores de Apple (agosto).

SJ anuncia formalmente que es consejero delegado interino de Apple. (John Sculley, en una entrevista de 2010 con Leander Kahney, declaró: «Estoy totalmente convencido de que si Steve no hubiera regresado en ese momento —es decir, si hubieran esperado seis meses más para llamarle—, habría sido el final de Apple. Habría desaparecido sin remedio») (septiembre).

Apple presenta su PowerBook, que funciona con el chip PowerPC G3 (noviembre).

SJ asume doble responsabilidad como consejero delegado de Apple y de Pixar.

1998

La compra por Apple de NeXTSTEP sienta las bases de su principal mejora en software, el Mac OS X, un sistema operativo basado en Unix.

En el Macworld de San Francisco, Apple anuncia la torre Power Mac G3 «Blue and White» (5 de enero).

SJ aparece en el documental de la PBS *Nerd's 2.0.1: A Brief History of the Internet*, continuación de *Triumph of the Nerds*.

SJ hace limpieza en la casa Apple: reduce notablemente el número de productos en los modelos que se hacen la competencia, anula numerosos proyectos (en particular el Newton), elimina el programa de licencias de software y despide a ciertos empleados (marzo).

Pixar estrena *Bichos,* película que recauda 162 millones de dólares en Estados Unidos (20 de noviembre).

1999

Apple anuncia el iMac G3 (modelo con bandeja de CD y fabricado en cinco tonos llamativos) y nuevas torres Power Mac G3 (5 de enero).

SJ aparece en un docudrama de la televisión titulado *Pirates of Silicon Valley,* en el que es interpretado por el actor Noah Wyle (20 de junio).

Apple lanza el iBook portátil con estuche de tapadera, un portátil profesional llamado PowerBook G3 y su primer dispositivo de red inalámbrica, la estación base AirPort (21 de julio).

Pixar estrena *Toy Story 2,* que recauda 245,8 millones de dólares en Estados Unidos (13 de noviembre).

2000

En Macworld, SJ anuncia que ha dejado su cargo de consejero delegado interino y es ya consejero delegado en firme (5 de enero).

SJ presenta el Mac OS X Public Beta, fabricado sobre la estructura del software de NeXT orientada a objetos.

Las acciones de Apple caen a 28 dólares después de que la compañía anuncie que las ventas del último trimestre caerán «sustancialmente por debajo de lo esperado» (28 de septiembre).

2001

En Macworld, SJ presenta el sistema OS X, los ordenadores de torre «Quicksilver» G4, y un ordenador PowerBook G4 de titanio (9 de enero).

Apple abre su emblemática tienda en Nueva York (en diez años, Apple tiene más de 300 tiendas repartidas por todo el mundo) (mayo).

Pixar estrena *Monstruos, S.A.*, que recauda 255 millones en Estados Unidos (28 de octubre).

Lanzamiento del iPod con el siguiente eslogan publicitario: «Mil canciones en tu bolsillo» (10 de noviembre).

2002

Apple presenta el eMac (education Mac), un modelo específico para el mercado en alza de la educación (29 de abril).

2003

En Macworld, Apple presenta el navegador de Internet llamado Safari, el programa de software iLife y nuevos modelos de PowerBook. A finales de mes anuncia el último grito en torres de ordenador (7 de enero).

Pixar estrena *Buscando a Nemo*, que recauda 339,7 millones de dólares en Estados Unidos y gana un Oscar de la Academia en la categoría de «mejor película de animación» (30 de mayo).

Apple presenta la iTunes Music Store, sólo para ordenadores Mac (28 de abril).

Apple presenta el Power Mac G5 (24 de junio).

Se inaugura la tienda iTunes para usuarios de Windows (16 de octubre).

2004

SJ anuncia a sus empleados que padece cáncer de páncreas y que deberá someterse a una operación para extirpar un tumor. Coge la baja por enfermedad y cede las riendas al director de ventas y operaciones globales de Apple, Timothy D. Cook (agosto).

A principios de año las enconadas negociaciones con Michael Eisner, a la sazón consejero delegado de Disney, se perfilan como
un obstáculo insalvable para Pixar. SJ corteja a otros estudios
que muestran gran interés en asociarse.

La junta directiva de Disney aprueba el despido del consejero delegado Michael Eisner, decisión orquestada por la campaña
«Save Disney» del miembro del consejo Roy Disney. Sustituye a
Eisner el jefe de operaciones, Robert Iger, que ve en Pixar el
futuro de las películas animadas de Disney (septiembre).

Pixar estrena *Los Increíbles,* que recauda 261 millones de dólares
en Estados Unidos y recibe un Oscar de la Academia a la «mejor
película de animación» (5 de noviembre).

2005

Apple presenta el Mac Mini en la Macworld Expo de San Francisco.

Apple desarrolla una versión Intel del Mac OS X, mientras prepara
el cambio definitivo de la plataforma PowerPC a la de Intel. Con
el nuevo software «Boot Camp» de Apple, los programas de
Windows no tardarán en ser operativos en el Mac.

2006

Disney adquiere Pixar por 7.400 millones de dólares; SJ obtiene un
7 % de participación en Disney (3.500 millones de dólares), con-
virtiéndose así en el mayor accionista privado de la compañía. Entra también a formar parte del consejo de administración (24 de enero).

Apple presenta el MacBook (16 de mayo) y una torre, Mac Pro (7 de
agosto).

Pixar estrena *Cars,* que recauda 244 millones de dólares en Estados
Unidos (9 de junio).

La aparición de un SJ demacrado en la reunión anual de la Wordl-
wide Developers Conference (WWDC) de Apple suscita especulaciones sobre su salud y los planes sucesorios de la compañía.
SJ anuncia el sistema OS X 10.5 Leopard.

2007

SJ anuncia en la Macworld Expo que va a cambiar el nombre de
Apple Computers Inc., que pasa a denominarse simplemente
Apple, Inc. (9 de enero).

Apple presenta el original iPhone.

Apple presenta Apple TV en la feria Macworld (febrero).

Pixar estrena *Ratatouille*, que recauda 206 millones de dólares en Estados Unidos y gana un Oscar de la Academia a la «mejor película de animación» (29 de junio).

SJ es admitido en el California Museum's Hall of Fame por el gobernador del estado, Arnold Schwarzenegger (5 de diciembre).

2008

Apple anuncia en Macworld el MacBook Air, un portátil ligero (15 de enero).

Pixar estrena *WALL-E*, película que recauda 223 millones de dólares en Estados Unidos y gana el Oscar a la «mejor película de animación» (27 de junio).

La presencia de SJ en la WWDC vuelve a generar preocupación por su salud.

Ese mismo mes Bloomberg publica prematuramente la necrológica de SJ, y éste, en un evento de Apple, cita a Mark Twain cuando declara: «Las noticias sobre mi muerte son muy exageradas» (9 de septiembre).

2009

SJ anuncia a sus empleados, mediante memorando interno, que se toma seis meses de baja por motivos de salud. En su ausencia vuelve a hacerse cargo de la dirección Timothy Cook (14 de enero).

SJ recibe con éxito un trasplante de hígado en el Methodist University Hospital Transplant Institute de Memphis (abril).

Pixar estrena *Up*, que recauda 293 millones de dólares en Estados Unidos y gana un premio de la Academia a «la mejor película de animación» (29 de mayo).

La revista *Fortune* nombra a SJ «director ejecutivo de la década».

2010

Pixar estrena *Toy Story 3*, que recauda 415 millones de dólares en Estados Unidos y gana dos Oscar de la Academia: el de «mejor canción original» y el correspondiente a «mejor película de animación» (18 de junio).

Apple presenta el iPad, inaugurando la era de las tabletas (3 de abril).

SJ crea un registro de donantes de órganos (octubre).

El *Financial Times* nombra a SJ su «Personaje del año».

2011

Apple abre la Mac App Store (6 de enero).

SJ prorroga su baja indefinidamente y una vez más es Timothy Cook quien coge el timón. SJ se reserva decisiones estratégicas (17 de enero).

Tras años de conflictivas negociaciones con el Ayuntamiento de Woodside, California, SJ obtiene el permiso para demoler su mansión y construir una casa de 455 metros cuadrados valorada en 8,45 millones de dólares, sobre la cual el arquitecto Christopher Travis declaró a la revista *Wired*: «Los planos denotan sin lugar a dudas una extraña moderación para una persona rica, algo que sólo ocurre si el cliente da al arquitecto instrucciones restrictivas y utilitarias concretas» (febrero).

Apple vende el iPad 2 (11 de marzo).

Pixar estrena *Cars 2*, que (hasta el 15 de septiembre de 2011) recauda 189 millones de dólares en Estados Unidos (24 de junio).

Lanzan el Mac OS 10.7 Lion, incorporando a la línea de ordenadores el mismo aspecto y espíritu del iOS que llevan el iPhone y el iPad. Sólo puede adquirirse descargándolo como aplicación de Apple por un importe de 29,99 dólares (20 de julio).

El valor de mercado de Apple, cifrado en 343.000 millones de dólares (a 371,66 dólares la acción), supera temporalmente al de Exxon, la empresa más valorada del mundo en el mercado de capitales (agosto).

Apple presenta otra propuesta al Ayuntamiento de Cupertino para construir un nuevo campus diseñado por Foster + Partners. Llamado «la nave espacial» por sus formas redondas y modernas, se levantará sobre un terreno de 40 hectáreas y su construcción quedará concluida en 2015.

Steve Jobs, la única biografía autorizada de SJ, obra de Walter Isaacson, adelanta su fecha de publicación del 6 de marzo de 2012 al 21 de noviembre de 2011 (15 de agosto).

Steve Jobs dimite como consejero delegado de Apple. Timothy Cook ocupa el cargo y SJ asume el de presidente del consejo (24 de agosto).

El consejero delegado de Apple Timothy Cook realiza su primer evento ante los medios de comunicación, en el que presenta el iPhone 4S (4 de octubre).

Muere Steve Jobs (5 de octubre).

EL FIN DE UNA ÉPOCA

**Carta de dimisión de Steve Jobs
como consejero delegado de Apple**

24 de agosto de 2011

Al consejo de dirección y a la comunidad de Apple:

Siempre he dicho que si llegase un día en que no pudiera cumplir con mis obligaciones y expectativas como consejero delegado de Apple, sería el primero en comunicarlo. Lamentablemente, ese día ha llegado.

Por la presente dimito de mi cargo de consejero delegado de Apple. Me gustaría seguir, si el consejo lo estima conveniente, como presidente del consejo, director y empleado de Apple.

En lo que a mi sucesor respecta, recomiendo encarecidamente que se cumpla el plan sucesorio y se nombre a Tim Cook consejero delegado de Apple.

Creo que Apple tiene por delante sus días más brillantes e innovadores. Y espero ser testigo de ese éxito y contribuir al mismo desde mi nuevo cargo.

En Apple he conocido a algunos de los mejores amigos de mi vida, y os doy a todos las gracias por los muchos años en que he podido trabajar a vuestro lado.

STEVE

FUENTES

ADN de Apple, El
«Our DNA Hasn't Changed» en CNNMoney/*Fortune*, 21 de febrero de 2005, <http://money.cnn.com/magazines/fortune/fortune_archive/2005/02/21/8251766/index.htm>.

Algo más que contratar personal
Rama Dev Jager y Rafael Ortiz, *In the Company of Giants: Candid Conversations with the Visionaries of Cyberspace*, Nueva York, McGraw-Hill, 1997.

Alma de la nueva máquina, El
Worldwide Developers Conference de Apple, Moscone Convention Center, San Francisco, California, 6-10 de junio de 2011, <http://www.youtube.com/watch?v=3lsMFzxtSZ8>.

Aplicaciones porno para el Android
Presentación de Apple a los medios del software del iPhone 4.0, 8 de abril de 2010, Cupertino, California.

Arriesgarse al fracaso
Brent Schlender, «The Three Faces of Steve. In this exclusive, personal conversation, Apple's CEO reflects on the turnaround, and on how a wunderkind became an old pro», CNNMoney/*Fortune*, 9 de noviembre de 1998, <http://money.cnn.com/magazines/fortune/fortune_archive/1998/11/09/250880/>.

Atractivo del producto
David Sheff, «Playboy Interview: Steven Jobs», *Playboy*, febrero de 1985.

Calidad

«Queríamos fabricar...»: David Sheff, «Playboy Interview: Steven Jobs», *Playboy,* febrero de 1985.

«La calidad es...»: Peter Burrows, Ronald Grover y Heather Green, «Steve Jobs' Magic Kingdom: How Apple's demanding visionary will shake up Disney and the world de entertainment», *Bloomberg Businessweek,* 6 de febrero de 2006, <http://www.bu sinessweek.com/magazine/content/06_06/b3970001.htm>.

Campaña de publicidad «Think Different»

Sonny Lim, «Transcript: The Steve Jobs Interview», entrevista de Channel NewsAsia grabada en la Macworld Expo, Tokio, 13 de marzo de 1999, <http://www.advergence.com/newspage./ 1999/19990314_stevejobs.cna.shtml>.

Centrarse en el producto

«La necesidad de una política...»: «Voice of the Innovators: The Seed of Apple's Innovation», *Bloomberg Businessweek,* 12 de octubre de 2004, <http://www.businessweek.com/bwdaily/dn flash/oct2004/nf20041012_4018_db083.htm>.

«Sí, claro, lo que hacemos...»: Stephen Fry, «The iPad Launch: Can Steve Jobs Do It Again?», *Time,* 1 de abril de 2010, <http://www. time.com/time/magazine/article/0,9171,1977113-4,00.html>.

Competencia

Gerald C. Lubenow y Michael Rogers, «A Whiz Kid's Fall: How Apple Computer Dumped Its Chairman», *Newsweek,* 30 de septiembre de 1985, <http://www.thedailybeast.com/newsweek/ 1985/09/30/jobs-talks-about-his-rise-and-fall.html>.

Complicaciones de la vida

«Steve Jobs: The guru behind Apple», *The Independent,* 29 de octubre de 2005, <http://www.independent.co.uk/news/science/ steve-jobs-the-guru-behind-apple-513006.html>.

Confundir líneas de producción

Worldwide Developers Conference de Apple, 1998.

Consejero delegado interino (iCEO)

Owen W. Linzmayer, *Apple Confidential 2.0: The Definitive History of the World's Most Colorful Company,* San Francisco, No Starch Press, 2004.

Consumismo
«Hay muchas cosas...»: «Steve Jobs: The guru behind Apple», *The Independent,* 29 de octubre de 2005, <http://www.independent. co.uk/news/science/steve-jobs-the-guru-behind-apple-513006. html>.

«En nuestra familia discutimos...»: Gary Wolf, «Steve Jobs: The Next Insanely Great Thing; The Wired Interview», *Wired,* febrero de 1996, <http://www.wired.com/wired/archive/4.02/jobs_pr.html>.

Continuación de las películas de dibujos animados de Disney
Associated Press, «As Pixar posts record earnings, ex-partner slammed», msnbc.com, extraído de una conferencia convocada por Apple en 2004, <http://www.msnbc.msn.com/id/4176887/ns/ business-personal_finance/t/jobs-blasts-disney-failed-movie-deal/#.Tkqt_HMSphs>.

Contribución
Anthony Imbimbo, *Steve Jobs: The Brilliant Mind Behind Apple* Pleasantville, Nueva York, Gareth Stevens Publishing, 2009.

Convergencia
Brent Schlender, «How Big Can Apple Get?», CNNMoney/*Fortune,* 21 de febrero de 2005, <http://money.cnn.com/magazines/for tune_archive/2005/02/21/8251769/index.htm>.

Creación del producto
Jim Goldman, «Interview Transcript: Steve Jobs», CNBC.com, 5 de septiembre de 2007, <http://www.cnbc.com/id/20610975/Inter view_Transcript_Steve_Jobs>.

Crear espectación
Frase característica utilizada al final de los actos de Apple.

Crear nuevas herramientas
Peter Cohen y Jason Snell, «Steve Jobs at D: All Things Digital, Live Coverage», *Macworld,* 30 de mayo de 2007, <http://www.mac world.com/article/58128/2007/05/steveatd.html>.

Creatividad y tecnología
Mark Millan, «How Steve Jobs' Pixar experience helped lead to Apple's iCloud», CNN Tech, 10 de junio de 2011, <http://www.cnn.com/2011/TECH/web/06/10/jobs.icloud/>.

Currículo de Jobs
Currículo de Steve Jobs colgado en <www.me.com>. Aunque fue eliminado todavía puede encontrarse en muchas páginas web; <http://100legends.blogspot.com/2011/01/steve-jobs-resume.html>.

David contra Goliat
InfoWorld, 8 de marzo de 1982 (accesible online a través de Google Books).

Decir bobadas
Owen W. Linzmayer, *Apple Confidential 2.0: The Definitive History of the World's Most Colorful Company*, San Francisco, No Starch Press, 2004.

Desaparición
Cathy Booth, David S. Jackson y Valerie Marchant, «Steve's Job: Restart Apple», *Time*, 18 de agosto de 1997, <http://www.time.com/time/magazine/article/0,9171,986849-2,00.html>.

Despedir empleados
Daniel Morrow, Smithsonian Institution Oral and Video Histories, «Interview with Steve Jobs», realizada en la sede de NeXT Computer, 20 de abril de 1995, <http://americanhistory.si.edu/collections/comphist/sj1.html>.

Deudores de la experiencia del usuario
Josh Quittner y Rebecca Winters, «Apple's New Core», *Time*, 14 de enero de 2002, <http://www.time.com/time/magazine/article/0,9171,1001600-6,00.html>.

Diferencia esencial, La
Owen W. Linzmayer, *Apple Confidencial 2.0: The Definitive History of the World's Most Colorful Company*, San Francisco, No Starch Press, 2004.

Dinero

«La innovación no tiene…»: David Kirkpatrick y Tyler Maroney, «The Second Coming of Apple Through a magical fusion of man —Steve Jobs— and company, Apple is becoming itself again: the little anticompany that could», CNNMoney/*Fortune*, 9 de noviembre de 1998, <http://money.cnn.com/magazines/ fortune/fortune_archive/1998/11/09/250834/index.htm>.

«Yo valía más…»: transcripción del programa de televisión *Triumph of the Nerds*, emitido en junio de 1996, <http://www.pbs.org/nerds/ part1.html>.

Diseño

«Para la mayoría de…»: «Apple's One-Dollar-a-Year Man», CNN-Money/*Fortune*, 24 de enero de 2000, <http://money.cnn.com/ magazines/fortune/fortune_archive/2000/01/24/272277/>.

«"Diseño" es una palabra curiosa…»: Gary Wolf, «Steve Jobs: The Next Insanely Great Thing; The Wired Interview», *Wired*, febrero de 1996, <http://www.wired.com/wired/archive/4.02/jobs. html>.

«Fíjense en el diseño del Mercedes…»: John Sculley y John A. Byrne, *Odyssey: Pepsi to Apple: A Journey of Adventure, Ideas, and the Future*, Nueva York, HarperCollins, 1987.

Diseño de un producto para el consumidor

Softpedia cita extractos de una entrevista de Steven Levy a Steve Jobs con ocasión del quinto aniversario del iPod, realizada el 4 de noviembre de 2006, <http://news.softpedia.com/news/Steve-Jobs-039-s-Interview-Regarding-the-5-Years-of-iPod-39397. shtml>.

Diseño de productos fenomenales

Gary Wolf, «Steve Jobs: The Next Insanely Great Thing; The Wired Interview», *Wired*, febrero de 1996, <http://www.wired.com/ wired/archive/4.02/jobs_pr.html>.

Diseño del producto

Brent Schlender y Christine Y. Chen, «Steve Jobs' Apple Gets Way Cooler…», CNNMoney/*Fortune*, 24 de enero de 2000, <http://money.cnn.com/magazines/ fortune/fortune_archive/2000/ 01/24/272281/index.htm>.

Educación de amplia base
Discurso inaugural de curso en la Universidad de Stanford, Stanford, California, 12 de junio de 1995, con 4,7 millones de visitas en YouTube, <http://news.stanford.edu/news/2005/june15/jobs-061505.html>.

Emplazamiento de locales
Jerry Useem, «Apple America's best retailer», CNNMoney/*Fortune*, 8 de marzo de 2007, <http://money.cnn.com/magazines/fortune/fortune_archive/2007/03/19/8402321/>.

Enfoque
Worldwide Developers Conference de Apple, San José Convention Center, California, 13-16 de mayo de 1997.

Enfoque de la empresa
Betsy Morris, «Steve Jobs Speaks Out», CNNMoney.com/*Fortune*, febrero de 2008, <http://money.cnn.com/galleries/2008/fortune/0803/galle.jobsqna.fortune/3.html>.

Entusiasmo
Owen W. Linzmayer, *Apple Confidential 2.0: The Definitive History of the World's Most Colorful Company*, San Francisco, No Starch Press, 2004, pág. 294.

Errores
D8 Conference: All Things Digital, Rancho Palos Verdes, California, 1-3 de junio de 2010.

Esencia de Apple: los empleados
Entrevista de Kara Swisher y Walt Mossberg a Bill Gates y Steve Jobs, realizada en la D5 Conference: All Things Digital, Carlsbad, California, 30 de mayo de 2007.

Eslogan: iPod (primera generación)
Anuncio de Apple, 31 de octubre de 2001.

Especulaciones sobre su salud
Carta abierta a la comunidad de Apple, «Letter from Apple CEO Steve Jobs», en la página web de Apple, 5 de enero de 2009,

<http://www.apple.com/pr/library/2009/01/05Letter-from-Apple-CEO-Steve-Jobs.html>.

Estancamiento, El peligro del
Owen W. Linzmayer, *Apple Confidential 2.0: The Definitive History of the World's Most Colorful Company*, San Francisco, No Starch Press, 2004.

Estrategia
Brent Schlender y Jane Furth, «Steve Jobs' Amazing Movie Adventure...», CNNMoney/*Fortune*, 18 de septiembre de 1995.

Estrechez de miras de Microsoft
Steve Lohr, «Creating Jobs: Apple's Founder Goes Home Again», *The New York Times Magazine*, 12 de enero de 1997, <http://part ners.nytimes.com/library/cyber/week/011897jobs.html?scp= 1&sq=steve%20Jobs%20apple's%20founder%20goes%20 home%20again&st=cse>.

Excelencia
Jeffrey S. Young, *Steve Jobs: The Journey is the Reward*, Nueva York, Lynx Books, 1988.

Existencia de Apple
Cathy Booth, David S. Jackson y Valerie Marchant, «Steve's Job: Restart Apple», en *Time*, 18 de agosto de 1997, <http://www.time.com/time/magazine/article/0,9171,986849-3,00.html>.

Éxito
Karen Paik, *To Infinity and Beyond! The Story of Pixar Animation Studios*, San Francisco, Chronicle Books, 2007.

Éxito repetido
Karen Paik, *To Infinity and Beyond! The Story of Pixar Animation Studios*, San Francisco, Chronicle Books, 2007.

Experiencia del usuario
«Our DNA Hasn't Changed», CNNMoney/*Fortune*, 21 de febrero de 2005, <http://money.cnn.com/magazines/fortune/fortune_ar chive/2005/02/21/8251766/index.htm>.

Experiencias vitales amplias, Importancia de las
Gary Wolf, «Steve Jobs: The Next Insanely Great Thing; the Wired Interview», *Wired*, febrero de 1996, <http://www.wired.com/wired/archive/4.02/jobs_pr.html>.

Falta de innovación en Microsoft
«El único problema...»: transcripción del programa de televisión *Triumph of the Nerds*, por la PBS, emitido en junio de 1996, <http://www.pbs.org/nerds/part3.html>.

«No creo en modo alguno...»: Jeff Goodell, «Steve Jobs: The Rolling Stone Interview», *Rolling Stone*, n° 684, 16 de junio de 1994, <http://www.rollingstone.com/culture/news/steve-jobs-in-1994-the-rolling-stone-interview-20110117>.

Fechas tope
«¡Ni mucho menos...»: Andy Hertzfeld, «Real Artists Ship», Folklore.org, enero de 1984, <http://www.flolklore.org/StoryView.py?story=Real_Artists_Ship.txt>.

«Los verdaderos artistas...»: Andy Hertzfeld, «Real Artists Ship», Folklore.org, enero de 1984, <http://www.folklore.org/StoryView.py?story=Real_Artists_Ship.text>.

Fiabilidad
Término empleado con frecuencia en las presentaciones de productos Apple.

Fidelidad del cliente
«Voices of the Innovators: The Seed of Apple's Innovation», *Bloomberg Businessweek*, 12 de octubre de 2004, <http://www.businessweek.com/bwdaily/dnflash/oct2004/nf20041012_4018_db083.htm>.

Flema ante la presión
Rama Dev Jager y Rafael Ortiz, *In the Company of Giants: Candid Conversation with the Visionaries of Cyberspace*, Nueva York, McGraw-Hill, 1997.

Forzar la solución
Lev Grossman, «How Apple Does It», *Time*, 6 de octubre de 2005, <http://www.time.com/time/magazine/article/0,9171,1118384-1,00.html>.

Fracaso de Flash
«Thoughts on Flash», declaración en la página web de Apple, abril de 2010.

Gente de Pixar, La
Brent Schlender, «The Three Faces of Steve. In this exclusive, personal conversation, Apple's CEO reflects on the turnaround, and how a wunderkind become an old pro», CNNMoney/*Fortune*, 9 de noviembre de 1998, <http://money.cnn.com/magazines/fortune/fortune_archive/1998/11/09/250880/>.

Grandes ideas
Transcripción del programa de televisión *Triumph of the Nerds*, emitido por la PBS en junio de 1996, <http://www.pbs.org/nerds/part3.html>.

Guardar acciones de Apple
Cathy Booth, David S. Jackson y Valerie Marchant, «Steve's Job: Restart Apple», *Time*, 18 de agosto de 1997, <http://www.time.com/time/magazine/article/0,9171,986849-3,00.html>.

Hacer anuncios audaces
Steve Kemper, «Steve Jobs and Jeff Bezos meet "Ginger"», extracto de *Code Name Ginger*, Harvard Business School, *Working Knowledge for Business Leaders*, 16 de junio de 2003, <http://hbswk.hbs.edu/archive/3533.html>.

Hacerlo bien
Jerry Useem, «Apple: America's best retailer», CNNMoney/*Fortune*, 8 de marzo de 2007, <http://money.cnn.com/magazines/fortune/fortune_archive/2007/03/19/8402321/>.

Historia, Importancia de una
Karen Paik, *To Infinity and Beyond! The Story of Pixar Animation Studios*, San Francisco, Chronicle Books, 2007.

IBM
«Bienvenido, IBM...»: anuncio de prensa de Apple en *The Wall Street Journal*, 24 de agosto de 1981.

«IBM quiere...»: *Fortune*, 20 de febrero de 1984.

Imagen de marca

«De poco nos serviría...»: Jeffrey L. Cruikshank, *The Apple Way: 12 Management Lessons from the World's Most Innovative Company*, Nueva York, McGraw-Hill, 2006.

«¿Cuáles son las grandes marcas?...»: Cathy Booth, David S. Jackson y Valerie Marchant, «Steve's Job: Restart Apple», *Time*, 18 de agosto de 1997, <http://www.time.com/time/magazine/article/0,9171,986849-6,00.html>.

Imaginación proyectada en el producto

Betsy Morris, «Steve Jobs Speaks Out», CNN Money/*Fortune*, febrero de 2008, <http://money.cnn.com/galleries/2008/fortune/0803/gallery.jobsqna.fortune/2.html>.

Impacto de una charla a los empleados de Apple

Michael Moritz, *Return to the Little Kingdom*, Nueva York, The Overlook Press, 2009.

Impacto en el universo

«Jobs vs. Gates: A thirty year war», CNNMoney/*Fortune*, entrevista publicada originalmente en el *The Wall Street Journal*, 25 de mayo de 1993, <http://money.cnn.com/galleries/2008/fortune/0806/gallery.gates_v_jobs.fortune/2.html>.

Imperativo del trabajo en equipo

Daniel Morrow, Smithsonian Institution Oral and Video Histories, «Interview with Steve Jobs», realizada en la sede de NeXT Computer, 20 de abril de 1995, <http://americanhistory.si.edu/collections/comphist/sj1.html>.

Innovación

«Muchas empresas...»: John H. Ostdick, «Steve Jobs: Master of Innovation», *Success*, junio de 2010.

«La innovación es...»: Carmine Gallo, *The Innovation Secrets of Steve Jobs: Insanely Different Principles for Breakthrough Success*, Nueva York, McGraw-Hill, 2011.

«Si pudieron copiar...»: Jeff Goodell, «Steve Jobs: The Rolling Stone Interview», *Rolling Stone*, n° 684, 16 de junio de 1994, <http://www.rollingstone.com/culture/news/steve-jobs-in-1994-the-rolling-stone-interview-20110117>.

«Los espectadores de nuestras...»: Karen Paik, *To Infinity and Beyond! The Story of Pixar Animation Studios*, San Francisco, Chronicle Books, 2007.

Innovación en el producto
«The Steve Jobs Way: A relentless pursuit of perfection», CNN.com, 23 de abril de 2004, <http://edition.cnn.com/2004/WORLD/americas/04/16/jobs/>.

Innovaciones del PARC
Daniel Morrow, Smithsonian Institution Oral and Video Histories, «Interview with Steve Jobs» realizada en la sede de NeXT Computer, 20 de abril de 1995, <http://americanhistory.si.edu/collections/comphist/sj1.html>.

Inquietud antes de la presentación del iPad
Acto de Apple a propósito del software para el iPhone 4.0, Cupertino, California, 8 de abril de 2010.

Inspiración
Daniel Morrow, Smithsonian Institution Oral and Video Histories, «Interview with Steve Jobs», realizada en la sede de NeXT Computer, 20 de abril de 1995, <http://americanhistory.si.edu/collections/comphist/sj1.html>.

Integración
Michael Krantz, «Steve Jobs at 44», *Time*, 10 de octubre de 1999, <http://www.time.com/time/magazine/article/0,9171,32207,00.html>.

Integración del producto
«De lo que más orgulloso...»: Daniel Morrow, Smithsonian Institution Oral and Video Histories, «Interview with Steve Jobs», realizada en la sede de NeXT Computer, 20 de abril de 1995, <http://americanhistory.si.edu/collections/comphist/sj1.html>.
«La esencia de Apple...»: Jeff Goodell, «Steve Jobs: The Rolling Stone Interview», *Rolling Stone*, n° 684, 16 de junio de 1994, <http://www.rollingstone.com/culture/news/steve-jobs-in-1994-the-rolling-stone-interview-20110117>.
«Apple es la empresa tecnológica...»: Peter Burrows, Ronald Gro-

ver y Tom Lowry, «Show Time!», *Bloomberg Businessweek*, 2 de febrero de 2004, <http://businessweek.com/magazine/content/04_05/b3868001_mz001.htm>.

«Una empresa fabrica...»: Lev Grossman, «How Apple Does It», *Time*, 16 de octubre de 2005, <http://www.time.com/time/magazine/article/0,9171,1118384-3,00.html>.

Interfaz gráfica del PARC, La

Daniel Morrow, Smithsonian Institution Oral and Video Histories, «Interview with Steve Jobs», realizada en la sede de NeXT Computer, 20 de abril de 1995, <http://americanhistory.si.edu/collections/comphist/sj1.html>.

iPad inspira el iPhone, El

Kara Swisher y Walt Mossberg, «Apple CEO Steve Jobs at D8: The Full, Uncut Interview», D8 Conference: All Things Digital, Rancho Palos Verdes, California, 1-3 de junio de 2010, <http://allthingsd.com/20100607/steve-jobs-at-d8-the-full-uncut-interview/?refcat=d8>.

iPad y el cambio ineludible, El

Kara Swisher y Walt Mossberg, «Apple CEO Steve Jobs at D8: The Full, Uncut Interview», D8 Conference: All Things Digital, Rancho Palos Verdes, California, 1-3 de junio de 2010, <http://allthingsd.com/20100607/steve-jobs-at-d8-the-full-uncut-interview/?refcat=d8>.

iPhone

Steven Levy, «Apple Computer Is Dead; Long Live Apple», *Newsweek*, 9 de enero de 2007, <http://www.thedailybeast.com/newsweek/2007/01/09/steven-levy-apple-computer-is-dead-long-live-apple.html>.

iPod Nano

«CNBC Steve Jobs September 2006», vídeo de YouTube, 3:40, del discurso de apertura en el Yerba Buena Center for the Arts Theater, San Francisco, California, 12 de septiembre de 2006, realizado por Jim Goldman, CNBC Business News, <http://www.youtube.com/watch?v=r7wXWDrvjoM>.

iPod Touch

David Pogue, «Steve Jobs on Amazon and Ice Cream», *The New York Times:* Bits, 9 de septiembre de 2009, <http://bits.blogs. nytimes.com/2009/09/09/in-qa-steve-jobs-snipes-at-amazon and-praises-ice-cream/>.

iTunes

«Apple Special Event [Sep 12, 2006] – (1/6)», vídeo de YouTube, 12:46, del discurso de apertura en el Yerba Buena Center for the Arts Theater, San Francisco, California, 12 de septiembre de 2006. Las otras cinco partes del discurso también están en YouTube, la primera parte puede verse en <http://www.youtu be.com/watch?v=d2t_66RF37U>.

Lector de libros electrónicos, El

David Pogue, «Steve Jobs on Amazon and Ice Cream», *The New York Times*: Bits, 9 de septiembre de 2009, <http://bits.blogs. nytimes.com/2009/09/09/in-qa-steve-jobs-snipesat-amazon-and-praises-ice-cream/>.

Legado de Jobs en Apple

Gerald C. Lubenow y Michael Rogers, «Jobs Talks About His Rise and Fall», *Newsweek*, 29 de septiembre de 1985, <http://www. thedailybeast.com/newsweek/1985/09/30/jobs-talks-about-his rise-and-fall.html>.

Legado del Mac

Daniel Morrow, Smithsonian Institution Oral and Video Histories, «Interview with Steve Jobs», realizada en la sede de NeXT Computer, 20 de abril de 1995, <http://amercianhistory.si.edu/collec tions/comphist/sj1.html>.

Lema

«[Un producto] no está…»: Andy Hertzfeld, «Credit Where Due», Folklore.org, enero de 1983, <http://www.folklore.org/Story View.py?project=Macintosh&story=Credit_Where_Due.text&t opic=Retreats&sortOrder=Sort%20by%20Date&detail=high& showcomments=1>.

«El viaje es…»: Andy Hertzfeld, «Credit Where Due», Folklore.org, enero de 1983. <http://www.folklore.org/Story View.py?project=

Macintosh&story=Credit_Where_Due.txt&topic=Retreats&sort
Order=Sort%20by%20Date&detail=high&showcomments=1>.
«La organización no es...»: Andy Reinhardt, «Steve Jobs on Apple's
Resurgence: "Not a One-Man Show"», *Bloomberg Business-
week,* 12 de mayo de 1998, <http://www.businessweek.com/
bwdaily/dnflash/may1998/nf80512d.htm>.

Mac Cube
Macworld Expo, Nueva York, 2000.

Marketing
John Sculley y John A. Byrne, *Odyssey: Pepsi to Apple: A Journey of
Adventure, Ideas, and the Future,* Nueva York, HarperCollins,
1987. Apple Expo París, entrevista de prensa, 20 de septiembre
de 2005.

Mentalidad provinciana
Bobbie Johnson, «The coolest player in town», *The Guardian,* 22 de
septiembre de 2005, <http://www.guardian.co.uk/technology/
2005/sep/22/stevejobs.guardianweeklytechnologysection>.

Motivación
«¿Quieres pasarte el resto...»: John Sculley y John A. Byrne, *Odys-
sey*: *Pepsi to Apple: A Journey of Adventure, Ideas, and the Future,*
Nueva York, HarperCollins, 1987.
«Es mejor ser corsario...»: John Sculley y John A. Byrne, *Odyssey*:
Pepsi to Apple: A Journey of Adventure, Ideas, and the Future,
Nueva York, HarperCollins, 1987.

Motivación de los empleados
David Sheff, «Playboy Interview: Steven Jobs», *Playboy,* febrero de
1985.

Motivar a los empleados
«Lo que ocurre en...»: David Sheff, «Playboy Interview: Steven
Jobs», *Playboy,* febrero de 1985.
«La fuerza motriz...»: *Macworld,* n° 1, febrero de 1984, <http://
www.macworld.com/article/29181/2004/02/themacturns20
jobs.html>.

Muerte
«La muerte es...»: David Sheff, «Playboy Interview: Steven Jobs», *Playboy*, febrero de 1985.
«Las noticias sobre mi muerte...»: acto mediático de Apple con ocasión del iPod, Yerba Buena Center for the Performing Arts, San Francisco, 9 de septiembre de 2008.

Netbooks
Acto del lanzamiento del iPad 1 de Apple, Yerba Buena Center for the Arts, San Francisco, California, 27 de enero de 2010.

No dormirse en los laureles
Brian Williams, «Steve Jobs: Iconoclast and salesman: Apple founder's newest store wows fans in Manhattan», msnbc.com, 25 de mayo de 2006, <http://www.msnbc.msn.com/id/12974884/ns/nightly_news/t/steve-jobs-iconoclast-salesman/#.TkwtIXMSphs>.

Nuevos productos
Acto del lanzamiento del iPad 2 de Apple; Yerba Buena Center for the Arts, San Francisco, California, 2 de marzo de 2011.

Objetivos
Michael Moritz, *Return to the Little Kingdom:* Nueva York, Overlook Press, 2009.

Olvidarse del pasado
Steven Levy, «25 Years of Mac: From Boxy Beige to Silver Sleek», *Wired*, n° 17.01, 22 de diciembre de 2008, <http://www.wired.com/techbiz/it/magazine/17-01/ff_mac>.

Opciones sobre acciones
Brent Schlender, «The Three Faces of Steve», CNNMoney/*Fortune*, 9 de noviembre de 1998, <http://money.cnn.com/magazines/fortune/fortune_archive/1998/11/09/250880/>.

Oportunidades perdidas
David Brier, «Like Life, Branding Needs Vision Too», *Fast Company*, 11 de agosto de 2009, <http://www.fastcompany.com/blog/david-brier/defying-gravity-and-rising-above-noise/life-branding-needs-vision-too>.

Ordenadores
Jeff Goodell, «Steve Jobs: The Rolling Stone Interview», *Rolling Stone*, nº 684, 16 de junio de 1994, <http://www.rollingstone. com/culture/news/steve-jobs-in-1994-the-rolling-stone-interview-20110117>.

Ordenadores como herramientas, Los
Michael R. Lawrence (dir.), *Memory & Imagination: New Pathways to the Library of Congress*, Baltimore, Maryland, Michael Lawrence Films, 1990, videocasete.

Ordenadores para todos
Michael Krantz, David S. Jackson, Janice Maloney y Cathy Booth, «Apple and Pixar: Steve's Two Jobs», *Time*, 18 de octubre de 1999, <http://www.time.com/time/magazine/article/0,9171,992258-2,00.html>

Orgullo en el producto
Andy Hertzfeld, «Signing Party», Folklore.org, febrero de 1982 (de las 47 firmas destaca una que está escrita en minúsculas: la de Steve Jobs), <http://www.folklore.org/StoryView.py?project=Macintosh&story=Signing_Party.txt&topic=Apple%20Spirit&sortOrder=Sort%20by%20Date>.

Pasión
«La gente dice que...»: Kara Swisher y Walt Mossberg, entrevista a Bill Gates y Steve Jobs, D5 Conference: All Things Digital, Carlsbad, California, 30 de mayo de 2007, <http://allthingsd.com/20071224/best-of-2007-video-d5-interview-with-bill-gates-and-steve-jobs/?refcat=d5>.
«Hay que encontrar...»: discurso inaugural de curso en la Universidad de Stanford, Stanford, California, 12 de junio de 2005, <http://news.stanford.edu/news/2005/june15/jobs-061505.html>.

PC como eje digital, El
Josh Quittner y Rebeca Winters, «Apple's New Core», *Time*, 14 de enero de 2002, <http://www.time.com/time/magazine/article/0,9171,192601,00.html>.

Pensar más allá
«Si quieres vivir…»: David Sheff, «Playboy Interview: Steven Jobs», *Playboy*, febrero de 1985.
«Mañana vamos a inventar…»: Kara Swisher y Walt Mossberg, entrevista a Bill Gates y Steve Jobs, D5 Conference: All Things Digital, Carlsbad, California, 30 de mayo de 2007, <http://allthingsd.com/20070530/d5-gates-jobs-interview/>.

Percepción
Jeff Goodell, «Steve Jobs: The Rolling Stone Interview», *Rolling Stone*, n° 684, 16 de junio de 1994, <http://www.rollingstone.com/culture/news/steve-jobs-in-1994-the-rolling-stone-interview-20110117>.

Perder cuota de mercado
«Voice of the Innovators: The Seed of Apple's Innovation», *Bloomberg Businessweek*, 12 de octubre de 2004, <http://www.businessweek.com/bwdaily/dnflash/oct2004/nf20041012_4018_db083.htm>.

Perder dinero
Owen W. Linzmayer, *Apple Confidential 2.0: The Definitive History of the World's Most Colorful Company*, San Francisco, No Starch Press, 2004.

Perseverancia
Daniel Morrow, Smithsonian Institution Oral and Video Histories, «Interview with Steve Jobs», realizada en la sede de NeXT Computer, 20 de abril de 1995, <http://americanhistory.si.edu/collections/comphist/sj1.html>.

Perspicacia
«Creo que el "arte"…»: Daniel Morrow, Smithsonian Institution Oral and Video Histories, «Interview with Steve Jobs», realizada en la sede de NeXT Computer, 20 de abril de 1995, <http://americanhistory.si.edu/collections/comphist/sj1.html>.
«Teníamos nuestra experiencia…»: Steven Levy, «Good for the Soul», *Newsweek*, 16 de octubre de 2006, <http://ashim.wordpress.com/category/inspiring/>.

Pixar

«Pixar reunía...»: Daniel Morrow, Smithsonian Institution Oral and Video Histories, «Interview with Steve Jobs», realizada en la sede de NeXT Computer, 20 de abril de 1995, <http://ameri canhistory.si.edu/collections/comphist/sj1.html>.

«Creemos que...»: Brent Schlender y Jane Furth, «Steve Jobs' amazing movie adventure: Disney is betting on computerdom's ex-boy wonder to delivery this year's animated Christmas blockbuster. Can he do for Hollywood what he did for Silicon Valley?», CNNMoney/*Fortune*, 18 de septiembre de 1995, <http://money.cnn.com/magazines/fortune/fortune_archive/ 1995/09/18/206099/index.htm>.

Potencial de los empleados

Betsy Morris, «Steve Jobs Speaks Out», CNNMoney/*Fortune*, febrero de 2008, <http://money.cnn.com/galleries/2008/fortune/0803/ gallery.jobsqna.fortune/5.html>.

Presentación

Paul Kundel y Rick English, *Apple Design: The Work of the Apple Industrial Design Group*, Nueva York, Graphis, 1997.

Presentación del Mac

Acto especial de Apple para el Macintosh, enero de 1984.

Proceso

«Voices of the Innovators: The Seed of Apple's Innovation», *Bloomberg Businessweek*, 12 de octubre de 2004, <http://www.busi nessweek.com/bwdaily/dnflash/oct2004/nf20041012_4018_ PG2_db083.htm>.

Productos

«Steve Jobs' Magic Kingdom: How Apple's demanding visionary will shake up Disney and the world of entertainment», *Bloomberg Businessweek*, 6 de febrero de 2006, <http://businessweek. com/magazine/content/06_06/b3970001.htm>.

Productos fenomenales

«En realidad, hacer un producto...»: David Sheff, «Playboy Interview: Steven Jobs», *Playboy*, febrero de 1985.

«Mire, mi filosofía es...»: Gerald C. Lubenow y Michael Rogers, «Jobs Talks About His Rise and Fall», *Newsweek*, 29 de septiembre de 1985, <http://www.thedailybeast.com/newsweek/1985/09/30/jobs-talks-about-his-rise-and-fall.html>.

Quedarse sin respiración
David Sheff, «Playboy Interview: Steven Jobs», *Playboy*, febrero de 1985.

Reclamaciones del cliente
Carta abierta «To all iPhone customers» en la página web de Apple, septiembre de 2007, <http://www.apple.com/hotnews/openiphoneletter/>.

Reflexión pasiva frente a reflexión activa
Jason Snell, «Steve Jobs on the Mac's 20th Anniversary», *Macworld*, 2 de febrero de 2004, <http://www.macworld.com/article/29181/2004/02/themacturns20jobs.html>.

Reflexionar sobre el problema
«Cuando abordas un problema...»: Paul Kunkel y Rick English, *AppleDesign: The Work of the Apple Industrial Design Group*, Nueva York, Graphis, 1997.
«Tenemos muchos clientes...»: Andy Reinhardt, «Steve Jobs: There's Sanity Returning», *Bloomberg Businessweek*, 25 de mayo de 1998, <http://www.businessweek.com/1998/21/b3579165.htm>.

Reparto de beneficios, Ningún anticipo en el
Jeff Goodell, «Steve Jobs: The Rolling Stone interview», *Rolling Stone*, 3 de diciembre de 2003, <http://www.keystonemac.com/pdfs/Steve_Jobs_Interview.pdf>.

Robo en Internet y motivación
«En nuestra opinión...»: Jeff Goodell, «Steve Jobs: The Rolling Stone Interview», *Rolling Stone*, nº 684, 16 de junio de 1994, <http://www.rollingstone.com/culture/news/steve-jobs-in-1994-the-rolling-stone-interview-20110117>.
«Toda esa tecnología...»: Jeff Goodell, «Steve Jobs: The Rolling Stone Interview», *Rolling Stone*, nº 684, 16 de junio de 1994, <http://www.rollingstone.com/culture/news/steve-jobs-in-1994-the-rolling-stone-interview-20110117>.

Sabiduría

«The Classroom of the Future», *Newsweek,* 28 de octubre de 2001, <http://www.thedailybeast.com/newsweek/2001/10/28/the-class room-of-the-future.html>.

Salir adelante

Josh Quittner, «Apple's New Core», *Time,* 5 de febrero de 2003, <http://www.time.com/time/business/article/0,8599,190914,00.html>.

Salud, Baja por motivos de

De la asesoría sobre medios de comunicación a todos los empleados de Apple, 14 de enero de 2009.

Se queda grabado

Leander Kahney, *Inside Steve's Brain*, Nueva York, Penguin Group, 2009.

Secreto del producto

Jake Tapper, «Interview with Apple CEO Steve Jobs», transcripción del podcast de ABCNews.com, 29 de junio de 2005, <http://abc news.go.com/Technology/story?id=892335&page=2>.

Sencillez

«A medida que aumenta...»: Rob Walker, «The Guts of a New Machine», *The New York Times Magazine,* 30 de noviembre de 2003, <http://www.nytimes.com/2003/11/30/magazine/30IPOD. html?pagewanted=all>.

«Si pudiéramos hacer...»: discurso de apertura, Seybold Seminars, Nueva York, marzo de 1998.

«Apple tiene un ADN...»: Bobbie Johnson, «The coolest player in town», *The Guardian,* 22 de septiembre de 2005, <http://www. guardian.co.uk/technology/2005/sep/22/stevejobs.guardian weeklytechonologysection>.

«Si preguntas...»: Sonny Lim, «The Steve Jobs Interviews», Macworld Expo, Tokio, 13 de marzo de 1999, <http://www.adver gence.com/newspage/1999/19990314_stevejobs.cna.shtml>.

«Hemos revisado...»: discurso de apertura, Macworld Expo, 6 de enero de 1998.

Ser los mejores
Evento de Apple a propósito del software del iPhone 4.0, Cupertino, California, 8 de abril de 2010.

Ser o no ser
Discurso inaugural de curso en la Universidad de Stanford, Stanford, California, 12 de junio de 2005, <http://news.stanford.edu/
news/2005/june15/jobs-061505.html>.

Socios
Kara Swisher y Walt Mossberg, entrevista a Bill Gates y Steve Jobs,
D5 Conference: All Things Digital, Carlsbad, California, 30
de mayo de 2007, <http://allthingsd.com/20071224/best-of-2007-
video-d5-interview-with-bill-gates-and-steve-jobs/?refcat=d5>.

Software
«Bill [Gates]...»: Kara Swisher y Walt Mossberg entrevistan a Bill
Gates y Steve Jobs, D5 Conference: All Things Digital, Carlsbad,
California, 30 de mayo de 2007, <http://allthingsd.com/20070
531/d5-gates-jobs-transcript/>.
«Lo que realmente...»: Kara Swisher y Walt Mossberg entrevistan a Bill Gates y Steve Jobs, Carlsbad, California, D5 Conference: All Things Digital, 30 de mayo de 2007, <http://allthingsd.
com/20070531/d5-gates-jobs-transcript/>.
«Multiplica por diez...»: Discurso de apertura en Macworld, Moscone Convention Center, San Francisco, California, 9 de enero
de 2001.

Sopesar las prioridades
Steve Lohr, «Creating Jobs: Apple's Founder Goes Home Again»,
The New York Times Magazine, 12 de enero de 1997, <http://
partners.nytimes.com/library/cyber/week/011897jobs.
html?scp=1&sq=steve%20jobs%20apple's%20founder%20
goes%20home%20again&st=cse>.

Sucesores resentidos
Josh Quittner, «Apple's New Core», *Time,* 5 de febrero de 2003,
<http://www.time.com/time/business/article/0,8599,190914,
00.html>.

Sueldo anual de 1 dólar para Jobs
Katie Marsal, «Jobs: "I make fifty cents just for showing up"», *Apple Insider*, 10 de mayo de 2007, <http://www.appleinsider.com/articles/07/05/10/jobs_i_make_fifty_cents_just_for_showing_up.html>.

Talentos interdisciplinares
Michael Krantz, «Steve Jobs at 44», *Time*, 10 de octubre de 1999, <http://www.time.com/time/magazine/article/0,9171,32207-3,00.html>.

Tecnología en perspectiva
Charles Arthur, «Steve Jobs: The Guru Behind Apple», *The Independent:* Science, 29 de octubre de 2005, <http://www.independent.co.uk/news/science/steve-jobs-the-guru-behind-apple-513006.html>.

Toma de decisiones
Karen Paik, *To Infinity and Beyond! The Story of Pixar Animation Studios*, San Francisco, Chronicle Books, 2007.

Toy Story 2
Karen Paik, *To Infinity and Beyond! The Story of Pixar Animation Studios*, San Francisco, Chronicle Books, 2007.

Trabajar con tesón y hacerse mayor
Michael Krantz, «Steve Jobs at 44», *Time*, 10 de octubre de 1999, <http://www.time.com/time/magazine/article/0,9171,32207-4,00.html>.

Trabajo duro
Brent Schlender, «The Three Faces of Steve...», CNNMoney/*Fortune*, 9 de noviembre de 1998, <http://money.cnn.com/magazines/fortune_archive/1998/11/09/250880/>.

Trabajo en equipo
«Steve Jobs», videoclip, 1:11, de una entrevista grabada en vídeo del programa *60 Minutes*, 4 de marzo de 2009, <http://www.cbsnews.com/video/watch/?id=4835857n>.

Ubicuidad del Mac
Jeff Goodell, «Steve Jobs: The Rolling Stone Interview», *Rolling Stone*, 3 de diciembre de 2003, <http://www.keystonemac.com/pdfs/Steve_Jobs_Interview.pdf>.

Valores
Michael Moritz, *Return to the Little Kingdom*, Nueva York, Overlook Press, 2009.

Valores fuera de lugar
David Sheff, «Playboy Interview: Steven Jobs», *Playboy*, febrero de 1985.

Visión
«Apostamos por...»: presentación de productos Apple con ocasión del primer ordenador Macintosh, 24 de enero de 1984.
«Tengo siempre...»: Brent Schlender y Christie Y. Chen, «Steve Jobs' Apple Gets Way Cooler...», CNNMoney/*Fortune*, 24 de enero de 2000, <http://money.cnn.com/magazines/fortune/fortune_archive/2000/01/24/272281/index.htm>.

Visión compartida
Daniel Morrow, Smithsonian Institution Oral and Video Histories, «Interview with Steve Jobs», realizada en la sede de NeXT Computer, 20 de abril de 1995, <http://americanhistory.si.edu/collections/comphist/sj1.html>.

Zen
Discurso inaugural de curso en la Universidad de Stanford, Stanford, California, 12 de junio de 2005. El popular dicho de Shunryu Suzuki procede de *Zen Mind, Beginner's Mind*, Boston, Massachusetts, Shambhala Publications, 2006; <http://news.stanford.edu/news/2005/june15/jobs-061505.html>.

**Libros para pensar
y tener opinión**

Todo lo que buscas lo encontrarás en:

**EspacioCultural
yAcadémico.com**

PRIMEROS CAPÍTULOS · HISTORIA · PRESENTACIONES · CIENCIA · CONTENIDOS EXCLUSIVOS · BLOG · FILOSOFÍA · ARTE · PSICOLOGÍA · E-BOOKS · MÁS DE 4,000 LIBROS · UNIVERSIDAD · HUMANIDADES · ENSAYO · CLUB DE LECTURA · NOTICIAS · PRESENTACIONES · MÁS DE 2,000 AUTORES · NOVEDADES · BIBLIOTECAS TEMÁTICAS · VÍDEOS ·